V&R

Silke Heimes

Lesen macht gesund

Die Heilkräfte der Bibliotherapie

Vandenhoeck & Ruprecht

*»Die Medizin ist meine gesetzliche Ehefrau, die Literatur meine Geliebte.
Wenn mir die eine auf die Nerven fällt, nächtige ich bei der anderen.
Das ist meinetwegen unanständig, aber dafür nicht langweilig.«*
(Anton Tschechow)

Bibliografische Information der Deutschen Nationalbibliothek

Die Deutsche Nationalbibliothek verzeichnet diese Publikation in der
Deutschen Nationalbibliografie; detaillierte bibliografische Daten sind
im Internet über http://dnb.d-nb.de abrufbar.

ISBN 978-3-525-46276-8

Weitere Ausgaben und Online-Angebote sind erhältlich unter: www.v-r.de

Umschlagabbildung: gorstevanovic, Young Woman
Reading/Shutterstock.com

© 2017, Vandenhoeck & Ruprecht GmbH & Co. KG,
Theaterstraße 13, D-37073 Göttingen /
Vandenhoeck & Ruprecht LLC, Bristol, CT, U.S.A.
www.v-r.de
Alle Rechte vorbehalten. Das Werk und seine Teile sind urheberrechtlich
geschützt. Jede Verwertung in anderen als den gesetzlich zugelassenen Fällen
bedarf der vorherigen schriftlichen Einwilligung des Verlages.
Printed in Germany.

Satz: SchwabScantechnik, Göttingen
Druck und Bindung: ♁ Hubert & Co GmbH & Co. KG,
Robert-Bosch-Breite 6, D-37079 Göttingen

Gedruckt auf alterungsbeständigem Papier.

Inhalt

Vorwort 7

I Vorüberlegungen
Definition der Bibliotherapie 13
Geschichte der Bibliotherapie 20
Erzählen als Grundhaltung 24
Bedeutung der Lesebiographie 29
Buchempfehlungen: Ja/Nein? 34

II Wirkungen der Bibliotherapie
Hilfe und Heilung 41
Entwicklung und Förderung 49
Spiel und Experiment 52
Information und Begleitung 55
Kreativität und Phantasie 58
Möglichkeiten und Freiheiten 64
Denken und Handeln 66
Welt- und Lebensentwürfe 70
Rückzug und Erholung 74
Orientierung und Halt 80
Ankommen und Innehalten 84

Gemeinschaft und Kommunikation 87
Identifikation und Modellfunktion 90
Ermutigung und Mobilisierung 97
Trost und Resilienz 101
Selbsterkenntnis und Gefühlsschlüssel 107
Selbstbewusstsein und Veränderung 111
Sinnhaftigkeit und Existenzielles 114
Grenzen und Nebenwirkungen 119

III Anhang
Leitfadeninterview/Lesebiographie 125
Kurzbiographien der Interviewten 127
Danksagung 132
Literatur 133

Vorwort

»Seien Sie vorsichtig mit Gesundheitsbüchern –
Sie könnten an einem Druckfehler sterben.«
(Mark Twain)

Wer hätte nicht schon erfahren, dass Lesen eine beruhigende und heilsame Wirkung hat. Sind wir traurig, kann ein Buch uns trösten. Es kann uns ein Begleiter in schwierigen Zeiten sein und die Figuren in den Büchern können uns eine Gesellschaft sein, die uns nicht überfordert, die uns an ihrem Leben und Schicksal teilhaben lässt, ohne dafür etwas von uns zu erwarten. In Büchern begegnet uns ein Leben, das uns mitunter sehr real erscheint, umso realer, je mehr wir uns darin selbst erkennen und wiederfinden. Manchmal gelingt es uns sogar, so tief in eine Erzählung einzutauchen, dass wir uns mit den Menschen und Ereignissen identifizieren und die Welt des Buches uns eine Zeitlang eine Art Heimat bietet, so dass wir eine Auszeit von unserer eigenen, unter Umständen nicht immer einfachen Realität nehmen können.

Lesen bedeutet aber auch Freiheit: die Freiheit, in Geschichten einzutauchen und wieder auszusteigen, sich einzulassen und mitzufühlen oder als Zuschauer am Rand zu stehen. Die Freiheit, ein Buch zu öffnen und zu schließen, wo und wann wir wollen, an jeder beliebigen Stelle anzufangen und aufzuhören. Lesen eröffnet uns die Freiheit zu phantasieren. Es bietet uns die Möglichkeit, anderen in ihre Gedankenwelt zu folgen und einen Weg in unsere eigene Gedankenwelt zu finden. Beim Lesen, Denken und Phantasieren kann uns niemand etwas vorschreiben und niemand kann uns einschränken. Nicht umsonst wurden und werden Bücher in diktatorischen Gesellschaften als gefährlich angesehen und verboten oder sogar verbrannt.

In einer zunehmend komplexeren und komplizierteren Welt können Bücher Halt und Orientierung bieten. Die im Buch dargestellten Situationen sind überschaubar, insofern, als sie zwischen zwei Buchdeckel passen und einen Anfang sowie ein Ende haben, so offen dieses zuweilen auch sein mag. Lesen ermöglicht es uns, bei uns selbst anzukommen. Es entschleunigt und lässt uns innehalten. Lesend erleben wir eine Zeit außerhalb der Zeit, eine Zeit mit einem ganz eigenen Tempo, unserem Lesetempo und der Geschwindigkeit, in der die Dinge im Buch geschehen. Somit kann Lesen uns beruhigen und für eine Zeit der Hektik des Alltags entheben.

Lesen vermittelt uns fremde Kulturen und Denkansätze sowie Weltentwürfe. Es erweitert unseren Horizont, lässt uns multiperspektivisch denken und handeln und macht uns liberaler und toleranter. Was wir beim Lesen erleben, prägt und begleitet uns, es ist ein Wissens- und Erfahrungsschatz, den uns niemand nehmen kann. Lesen dient der persönlichen Entwicklung und Reifung. »Entfaltung und Lektüre bedingen sich gegenseitig«, schreibt die Sprach- und Literaturwissenschaftlerin Gertrud Lehnert (2000, S. 17) in einem Essay über das Lesen.

Lesend kommen wir uns selbst auf die Spur, erfahren etwas über unsere Stärken und Schwächen, unsere Vorlieben und Abneigungen, über unseren Mut und unsere Ängste. Wir folgen den Helden[1] unserer Lektüre und fragen uns, ob wir den gleichen Weg gehen könnten, den Mut aufbringen würden. Manchmal löst Lesen

---

1 In diesem Buch verwende ich durchgängig die männliche Schreibweise, alle anderen sind aber selbstverständlich mitgemeint.

sogar eine solche Sehnsucht aus, dass es uns gleichermaßen zu einer Art Handlungsaufforderung wird, dass es uns motiviert und hilft, Veränderungen in Angriff zu nehmen und selbst aufzubrechen, so wie die Helden im Buch.

Im 18. Jahrhundert waren Lesekuren fester Bestandteil medizinischer Behandlungen und in England gibt es Bücher auf Rezept. Kästner gab seine »Lyrische Hausapotheke« (1936) heraus, in der er Gedichte zum Therapeutikum des Privatlebens erklärte, und Psychologen halten Handbibliotheken für ihre Patienten vor oder empfehlen Wilhelm Busch als Notation neben dem Bett. Der Literaturkritiker und Autor Moritz schreibt: »Lesen ist lebensnotwendig […]. Literatur […] verstört, verblüfft, verwirrt und bereichert – obwohl man manchmal erst viel später erkennt, was Bücher in einem bewegten« (2012, S. 11).

Die Psychologin und Kunsttherapeutin Ina Tilmann antwortet auf die Frage, was sie von der Idee des heilsamen Lesens halte: »Ich halte das nicht für eine Idee, sondern ich halte die Heilsamkeit des Lesens für einen Fakt«, und die Ärztin und Psychotherapeutin Bettina Arnold schreibt, dass die Idee, dass Lesen heilsam sein könne, für sie eine »Realität darstellt«, und wünscht sich, dass die Bibliotherapie vielen Menschen zugänglich gemacht werde. Berthoud und Elderkin schreiben in »Die Romantherapie. 253 Bücher für ein besseres Leben«: »Unsere Heilmittel bekommt man nicht in der Apotheke, sondern in einem Buchladen und in der Bücherei« (2014, S. 9), und sind überzeugt, dass Literaturliebhaber schon seit Jahrhunderten zu Romanen greifen, um Leiden zu lindern.

Frankl erzählt in seinem Essay »Das Buch als Therapeutikum«, wie im Lager Theresienstadt ein Transport junger Menschen zusammengestellt wurde, der am nächsten Morgen nach Auschwitz fahren sollte. In der Nacht wurde in der Lagerbücherei eingebrochen und »jeder Einzelne von den Todgeweihten hatte sich Werke seiner Lieblingsdichter, aber auch wissenschaftliche Bücher in den

Rucksack gestopft. Als Reiseproviant auf der Fahrt ins (zum Glück noch) Unbekannte« (1988, S. 44). Eine ganz ähnliche Geschichte findet sich in der Autobiographie »Mein Leben« von Reich-Ranicki (1999). Sie handelt davon, wie Teofila Reich-Ranicki im Warschauer Ghetto die »Lyrische Hausapotheke« von Erich Kästner abschrieb und illustrierte, weil das Buch ihrem zukünftigen Ehemann so gut gefiel und es im Ghetto nicht zu bekommen war.

Neben zahlreichen Fachbüchern, Romanen, Aussagen von bekannten und weniger bekannten Schriftstellern sind in das vorliegende Buch die Aussagen von über dreißig Ärzten, Apothekern, Psychologen, Pädagogen, Autoren und Journalisten eingeflossen, die mittels eines Fragebogens interviewt wurden[2]. Der Fragbogen, der eine Art Lesebiographie darstellt, ist am Ende des Buches abgedruckt und kann von Ihnen ausgefüllt werden, sofern Sie Lust dazu haben.

Die Interviewten haben die Beantwortung des Fragebogens jedenfalls als spannende Reise erlebt, die ihnen ihr Verhältnis zur Literatur und Lektüre deutlich gemacht und Erinnerungen an Bücher und Wegbegleiter hervorgerufen hat. Mein ganz besonderer Dank gilt der Bereitschaft der Interviewten, sich auf diese Reise einzulassen und ihr Wissen und ihre Erfahrungen mit den Lesern und mir zu teilen. Damit auch Sie die Interviewten ein wenig kennenlernen, finden Sie am Ende des Buches deren Kurzbiographien.

Ich wünsche Ihnen viel Spaß und Erkenntnis, gute Laune und Leselust, sowohl beim Lesen diesen Buches als auch aller anderen Bücher.

Ihre Silke Heimes

---

[2] Zitierte Autoren und Studienautoren werden nur beim Nachnamen genannt und finden sich mit ihren Werken im Literaturverzeichnis, während die Interviewten mit Vor- und Nachnamen genannt werden.

I Vorüberlegungen

Definition der Bibliotherapie

*»Liebt das Buch. Es wird euch freundschaftlich helfen,
sich im stürmischen Wirrwarr der Gedanken, Gefühle und
Ereignisse zurechtzufinden.«*
(Maxim Gorki)

Die Bibliotherapie ist eine Therapieform, die von der Idee ausgeht, dass Lesen eine heilsame Wirkung hat. Die Palette von Büchern, die in der Bibliotherapie eingesetzt werden, umfasst die Belletristik mit Romanen, Erzählungen und Gedichten ebenso wie Sachbücher, Ratgeber und Aufklärungsbroschüren. Der Begriff der Bibliotherapie wurde wahrscheinlich zum ersten Mal 1916 von McChord Crothers verwendet, der zur Linderung von Beschwerden empfahl, die Lektüre fiktiver sowie nichtfiktiver Werke mit einem Therapeuten zu besprechen (Aringer, 2010).

Klosinski (2008) beschreibt sogar eine noch frühere Verwendung des Begriffs durch Jacobi, der 1834 Büchereien für psychisch Kranke forderte. Der Begriff sei dann aber wieder in Vergessenheit geraten, bis er 1916 von Crothers wiederentdeckt wurde. 1941 wurde der Begriff jedenfalls erstmalig in ein medizinisches Wörterbuch aufgenommen (Eichenberg, 2007) und 1949 wurden das Konzept und der Einsatz der Bibliotherapie zum ersten Mal systematisch von Shrodes beschrieben.

Die wörtliche Übersetzung von Bibliotherapie aus dem Griechischen (*biblion* = Buch, *therapeia* = zu Diensten sein) könnte soviel bedeuten wie »Bücher, die zu Diensten sind« und kann im weitesten Sinne als die therapeutische Verwendung von Büchern verstanden werden. Das klinische Wörterbuch »Pschyrembel« definiert Bibliotherapie als »Form der Psychotherapie, bei der der Patient durch die Lektüre einer gezielten Auswahl geeigneter Literatur darin unterstützt werden soll, seine Probleme zu verbalisieren, klarer zu reflektieren u. evtl. die Begrifflichkeit des Therapeuten besser zu verstehen« (Pschyrembel und Dornblüth, 2004).

Während einige Autoren den Begriff sehr allgemein verwenden und darunter die »Behandlung durch Bücher« im Allgemeinen verstehen (Pardeck, 1991), geben andere umfassendere Beschreibungen und definieren Bibliotherapie als den »therapeutischen Einsatz von Literatur jeder Art zur Heilungsunterstützung, zur Heilung selbst und zum persönlichen Wachstum« (Vollmer und Wibmer, 2002). Wieder andere betonen die pädagogischen Aspekte und verstehen unter Bibliotherapie die dynamische Interaktion zwischen Leserpersönlichkeit und Literatur, die zur persönlichen Entwicklung genutzt werden kann (Russel und Shrodes, 1950). In einigen Definitionen werden explizit weitere Medien (zum Beispiel Audiodateien) in die heilsame Wirkung von Literatur einbezogen (Rubin, 1978).

Die Lektüre im Rahmen der Bibliotherapie kann einzeln oder in Gruppen erfolgen, angeleitet oder als Selbstlektüre mit nachfolgender Reflexion. Das Gelesene kann als Grundlage dienen, Zugang zum eigenen Erleben zu finden, aber auch dafür, Ideen und Vorstellungen zu entwickeln und umzusetzen. Wie Heidenreich (2014) sagt, liest sich jeder selbst in jedem Buch und aus dem Lesen erwächst Selbstvertrauen und aus dem Selbstvertrauen der Mut zum Denken und Handeln.

Literatur kann die Auseinandersetzung mit Konflikten einleiten und die Bereitschaft wecken, sich auf sich selbst einzulassen sowie schwierige Situationen und Herausforderungen anzunehmen. Folgt der Lektüre eine Gesprächsphase, kann das während des Lesens Assoziierte, Akkumulierte und Rekonstruierte kommuniziert werden. Es kommt zu einem Diskurs, in dem sowohl eine intellektuelle Auseinandersetzung über das Gelesene und Erlebte möglich ist als auch Fragen nach dem Sinn und zukünftigen Wegen gestellt werden können (Wittstruck, 2000).

Ein Vorteil der Bibliotherapie besteht darin, dass mit ihr viele verschiedene Menschen erreicht werden. Solche, die lange auf einen Therapieplatz warten und die Zeit überbrücken müssen, ebenso wie jene, die weite Anfahrtswege haben und nur schlecht an einem Psychotherapieangebot vor Ort teilnehmen können, sowie Menschen, die vielleicht aus Angst vor Stigmatisierung keine Therapie in Anspruch nehmen. In diesen Fällen eröffnet die Bibliotherapie die Möglichkeit, Probleme selbstständig oder mit geringer Hilfestellung anzugehen (Helbig und Kollegen, 2004). Den Boer und Kollegen (2004) weisen nach, dass Bibliotherapie effektiver ist als Wartelisten, was eine hilfreiche Erkenntnis darstellt, wenn man bedenkt, wie lange Patienten mitunter auf einen Therapieplatz warten müssen.

Bibliotherapie kann sowohl mit fiktiven als auch nichtfiktiven Texten durchgeführt werden. Werden fiktive Texte verwendet, wird sie mitunter auch als *inspirierende Bibliotherapie* bezeichnet (Pardeck, 1992). In dieser Form der Bibliotherapie kommen vor allem Romane, Erzählungen, Dichtungen und (Auto-)Biographien zum Einsatz. Hierbei handelt es sich insbesondere um ein Lernen am Modell. In der nichtfiktiven Bibliotherapie, die auch als *informative Bibliotherapie* genannt wird, werden vor allem Ratgeber und Selbsthilfemanuale mit oftmals direkten Handlungsanweisungen genutzt.

Die Bibliotherapie mittels nichtfiktiver Texte wird zuweilen auch als *instruktionale* oder *instruktive Bibliotherapie* bezeichnet und firmiert in der englischsprachigen Literatur manchmal unter dem Begriff des *self-administered treatment*. Wobei letzterer Ausdruck für eine Form der Behandlung steht, die in geschriebener Form präsentiert wird und so konzipiert ist, dass sie vom Patienten selbstständig durchgeführt wird (Scogin und Kollegen, 1990a).

In der angeleiteten Bibliotherapie können verschiedene Intensitätsgrade der Interaktion zwischen Therapeut und Patient unterschieden werden. Angefangen von einer minimalen therapeutischen Begleitung – bei der der Patient weitgehend eigenständig arbeitet, aber immer die Möglichkeit hat, den Therapeuten zu kontaktieren – über Textempfehlungen durch den Therapeuten bis zur regulären Psychotherapie, in die Texte eingebunden werden. Das Ausmaß der Unterstützung variiert dabei sehr stark in Art, Häufigkeit und Dauer des Kontakts zwischen Patient und Therapeut (Elgar und McGrath, 2003).

Es sei angemerkt, dass einige Autoren das selbstangeleitete Lesen nicht als bibliotherapeutische Maßnahme verstehen, sondern die Begleitung durch einen Therapeuten als Voraussetzung dafür nehmen, um das Lesen als Zeitvertreib von der Bibliotherapie als einer therapeutischen Intervention abzugrenzen (Rubin, 1978). Andere Autoren wiederum haben für das selbstangeleitete Lesen einen eigenen Begriff geprägt und bezeichnen dieses als *selbstverantwortete Bibliotherapie* (Grahlmann und Linden, 2005).

Anders als die eher therapeutisch orientierte Bibliotherapie zielt die Bibliotherapie mit didaktischen Texten, auch als *didaktische Bibliotherapie* oder *Psychoedukation* bezeichnet, auf Informationsvermittlung und kognitives Lernen ab. Ziele dieser eher sachorientierten Bibliotherapie sind es, Informationen zu geben, zur Einsicht in Probleme zu verhelfen, Diskussionen anzuregen, Werte und Einstellungen zu kommunizieren und ein Bewusstsein dafür zu schaffen, dass andere Menschen mit ähnlichen Problemen fertig geworden sind und Lösungen anzubieten haben.

In der *didaktischen Bibliotherapie* werden vor allem störungsspezifische Texte verwendet, um dem Leser ein besseres Problemverständnis zu ermöglichen. In Studien wurde durch den Einsatz der *didaktischen Bibliotherapie* ein deutlicher Rückgang von Therapieabbrüchen beobachtet (Reis und Brown, 2006; Hardy und Kollegen, 2001; Webster, 1992) und Treasure und Kollegen (1996) konnten zeigen, dass eine der Psychotherapie vorangeschaltete Bibliotherapie die Anzahl der nachfolgenden Sitzungen zu senken vermochte.

Ähnlich positive Ergebnisse zeigten sich in Studien zur Bibliotherapie als therapiebegleitende Maßnahme. Hier konnte nachgewiesen werden, dass ein kombiniertes Vorgehen von Psycho- und Bibliotherapie sowohl der reinen Selbsthilfe als auch der reinen Psychotherapie überlegen war. Dies zeigte sich insbesondere bei Menschen mit Essstörungen und selbstverletzendem Verhalten (Evans und Kollegen, 1999; Carter und Fairburn, 1998). Muth erklärt in »Heilkraft des Lesens« (1988), dass die begleitende Lektüre die Selbstheilungskräfte fördern und stützen kann, weil das Lesen von Büchern innere Bewegungen begünstigt.

Adams und Pitre (2000) untersuchten, aus welchen Gründen Therapeuten bibliotherapeutische Materialien nutzen, und fanden heraus, dass zwei Drittel der Befragten Texte und Bücher einsetzen, um die Selbsthilfeanteile der Patienten zu stärken. Interessanterweise wurde die Bibliotherapie als ergänzende Maßnahme umso häufiger eingesetzt, je mehr klinische Erfahrung die Therapeuten hatten.

Obwohl die Bibliotherapie zunächst für Patienten entwickelt wurde, wird sie zunehmend zur Entwicklungsförderung und als präventive Maßnahme *(Biblioprophylaxe)* genutzt und manchmal sogar für diagnostische Zwecke eingesetzt *(Bibliodiagnostik)* (Grahlmann und Linden, 2005). Muth (1988) spricht vom Buch als Therapeutikum im Vorfeld einer Erkrankung, also im Sinne der Prävention, und dass die Kunst der Bibliotherapie darin bestehe, das richtige Buch zur richtigen Zeit zu vermitteln.

In Amerika hat sich die Bibliotherapie als entwicklungsbegleitende Maßnahme an Schulen längst etabliert und ist dort zu einem bewährten Konzept geworden, um in Einzel- und Gruppendiskussionen emotionale sowie intellektuelle Bedürfnisse von Kindern anzusprechen und die Persönlichkeitsentwicklung über die Identifikation mit literarischen Figuren zu unterstützen. Dies erfolgt vor allem in der Hochbegabtenförderung und firmiert oft unter dem Begriff der *entwicklungsfördernden Bibliotherapie* (Aringer, 2010).

Kinder und Jugendliche waren aber schon früher Adressaten einer pädagogisch ausgerichteten Bibliotherapie, denkt man beispielsweise an den »Struwwelpeter« des Frankfurter Arztes und Psychiaters Hoffmann aus dem Jahr 1845 oder andere Werke für Kinder und Jugendliche, die mehr lehren und formen als unterhalten sollen. Der entwicklungsbegleitende bibliotherapeutische Ansatz zeichnet sich insbesondere dadurch aus, dass er auf das Wachstum der Persönlichkeit zielt und sich an gesunde Menschen richtet, die mit typischen Herausforderungen zu kämpfen haben, die sich durch neue Lebensabschnitte ergeben.

Seit Sommer 2012 erproben die Jugendgerichte München und Fürstenfeldbruck im Rahmen eines Modellversuches Leseweisungen als pädagogische Strafmaßnahme. Wegen Drogenmissbrauch, Ladendiebstahl, Fahren ohne Führerschein oder ähnlicher Vergehen, die ansonsten mindestens Sozial- oder Arbeitsstunden eingebracht hätten, erhalten jugendliche Straffällige eine sogenannte Leseweisung.

Die erste Empfehlung für die »Straflektüre« kommt dabei vom Gericht oder der Jugendgerichtshilfe und steht meist in direktem Bezug zu der Tat. Jeder Jugendliche bekommt sodann einen Mentor, mit dem er sich bis zu sechs Mal trifft, um das Gelesene zu besprechen. Dabei kann die Lektüre im Verlauf des Mentoring angepasst werden. Die Idee der Leseweisung ist es, einen Reflexionsprozess in Gang zu setzen, sowohl über das Gelesene als auch über die eigene Situation sowie die begangene Straftat. Die Möglichkeit der Leseweisung gibt es mittlerweile auch in anderen Städten wie etwa Dortmund oder Lübeck (Fenzel, 2013).

Sogar im brasilianischen Hochsicherheitsgefängnis Catanduras gibt es eine Regierungsinitiative, die sich »Erlösung durch Lesen« nennt. Inhaftierte können ihre Haftzeit durch Lesen verkürzen, und zwar um vier Tage pro Buch. Lesen die Gefangenen innerhalb von vier Wochen ein Buch und weisen in einem Gespräch nach, dass sie verstanden haben, um was es in dem Buch geht, werden ihnen vier Tage Haftstrafe erlassen. Dabei dürfen sie so viele Bücher lesen, wie sie wollen und schaffen (Gerk, 2015).

Erweitern kann man die bisher präsentierte Einteilung um die *symbolische* oder *induktive Bibliotherapie,* bei der an die bibliotherapeutische Maßnahme ein kunsttherapeutisches Verfahren angeschlossen wird, wie etwa die Maltherapie. Bei dieser Form der Bibliotherapie liegt der Schwerpunkt auf dem intuitiven Arbeiten, das unter anderem dazu dienen soll, Assoziationsräume zu öffnen (Vollmer und Wibmer, 2002).

Geschichte der Bibliotherapie

> »Ein schönes Buch ist wie ein Schmetterling.
> Leicht liegt es in der Hand, entführt uns von einer Blüte
> zur nächsten und läßt den Himmel ahnen.«
> (Lao-Tse)

In den »Bekenntnissen« des christlichen Kirchenlehrers Augustinus, die in den Jahren 397 bis 401 n. Chr. entstanden, spricht der Kirchenlehrer vom Sturm der Tränen, der ihn angesichts seines ganzen Elends erfasste und erschütterte, und beschreibt zugleich seine seelische Gesundung durch Lektüre: »Ich wollte nicht weiterlesen – es war auch nicht nötig, denn bei dem Schlusse dieses Satzes strömte das Licht der Sicherheit in mein Herz ein, und alle Zweifel der Finsternis verschwanden« (1914, S. 184). Man könnte sagen, dass er zum christlichen Glauben fand, indem er seinem eigenen Diktum folgte, das da lautete: »Nimm und lies.«

Bereits 1198 empfahl der Arzt Maimonides in seiner Schrift »Regimen sanitatis« (Diätetik für Seele und Körper), die vitalen Kräfte der Patienten durch Erzählungen anzuregen. Man solle den Kranken Geschichten erzählen, die ihre Seele erfreue und ihre Brust tiefer atmen lasse, man solle sie durch humoristische Neuigkeiten ablenken und zum Lachen bringen. Im Jahr 1272 legte das Al-Mansur Spital in Kairo seinen Patienten die Lektüre des Korans zur Unterstützung des Heilungsprozesses nahe und 1705 veröffentlichte der Theologe Götze eine »Krancken-Bibliothec« (Rubin, 1978).

In den Zeiten der Aufklärung in Frankreich, England und Italien gab man im Rahmen der Humanisierung der Behandlung Gefangener und geistig kranker Menschen den Patienten sowie Strafgefangenen religiöse Texte als Behandlungsergänzung und richtete Bibliotheken in psychiatrischen Anstalten sowie Gefängnissen ein. Etwa zeitgleich empfahl Rush, weltliche und religiöse Texte als Heilmittel sowohl für physische als auch psychische Krankheiten (Weimerskirch, 1965). Dabei hatten das 1796 von Tuke und der Quäkergemeinde gegründete psychiatrische Krankenhaus York Retreat in England und die dort eingeführten Behandlungsmethoden wahrscheinlich einen großen Einfluss auf ihn.

Gegen Ende des 18. Jahrhunderts führten auch Pinel in Frankreich und Chiarugi in Italien im Rahmen der Humanisierung der Behandlung Geisteskranker sogenannte moralische Behandlungen ein, die unserer heutigen Ergo- und Kunsttherapie sehr nahe kommen. 1853 ließ Minson Galt II, Leiter des »Eastern Lunatic Asylum« in Virginia, für Patienten Bücher nach Wunsch anschaffen, mit dem Argument, dass man gegen körperliche Leiden schließlich auch spezielle Medikamente verabreiche. Im selben Jahr verfasste er zudem verschiedene Essays zum Einsatz der Bibliotherapie bei psychisch Kranken (Weimerskirch, 1965).

Der Erste Weltkrieg trug ebenfalls zur Verbreitung der Bibliotherapie bei. In Feldlazaretten wurden amerikanische Soldaten gezielt mit Büchern versorgt, was zur späteren Eröffnung vieler Spitalsbüchereien beitrug. In den 1930er Jahren unterstützen die Brüder Menninger in der Menninger Klinik den Einsatz von Büchern in der Behandlung von Patienten mit Neurosen und Alkoholproblemen sowie als Hilfe für Angehörige und Eltern (Smith und Burkhalter, 1987).

Bis 1930 wurde die Bibliotherapie in den USA vor allem bei Erwachsenen angewendet, aber bereits 1936 empfahlen Bradley und Bosquet, auch Kinder mit Verhaltensstörungen mittels Büchern zu therapieren. Die 1949 von Shrodes veröffentlichte Untersuchung zur Bibliotherapie trug zu einer weiteren Verbreitung des therapeutischen Lesens bei, vor allem in den Vereinigten Staaten, aber auch in England sowie den skandinavischen Ländern.

Seit 1977 gibt es in Columbus, Georgia, das Bibliotherapy Research Institute und seit 1990 wird die »heilsame Literatur« in den Vereinigten Staaten in beinahe allen sozialen Berufen eingesetzt. Das Einsatzspektrum reicht von Befindlichkeitsstörungen über mittelschwere Depressionen bis hin zu schweren Krisensituationen und Persönlichkeitsstörungen (Aringer, 2010).

In England kann man sich vom Arzt Bücher gegen Depressionen verschreiben lassen und das Rezept in der Stadtbibliothek einlösen. Dazu meint die deutsche Ärztin und Psychotherapeutin Elisabeth Drimalla, die bibliotherapeutisch arbeitet: »Vielleicht wirkt ein Buch auf Rezept sogar besonders gut, weil man möglicherweise beim Lesen zusätzlich reflektiert, warum einem gerade dieses Buch verschrieben wurde. Das sollte in Deutschland auch eingeführt werden.« Und auch der Arzt Dirk Mentzer hält Bücher auf Rezept für eine gute Idee, die man systematisch weiter verfolgen sollte, und die Schweizer Atemtherapeutin und Lyrikern Ingrid Peter ergänzt, dass sie sich dies vor allem therapiebegleitend als sehr sinnvoll vorstellen könne.

Die Diplom-Sozialpädagogin Suzana Erlauer ist der Meinung, dass der Arzt den Patienten mittels Buchrezept zum Experten seines Lebens machen könne, indem er damit dessen Autonomie und Kompetenz stärkt und einen Selbstheilungsprozess in Gang setze. Spannend fände sie auch, wenn Ärzte ein Rezept für einen Bibliotherapeuten ausstellen könnten, wovon wir in Deutschland leider noch weit entfernt sind. Zudem müssen wir aufpassen, dass die Empfehlung eines Buches als »Heilmittel« nicht möglicherweise dazu missbraucht wird, persönliche Gespräche zu reduzieren.

Betrachtet man den deutschen Sprachraum, lassen sich bibliotherapeutische Ansätze bis 1843 zurückverfolgen. Zu dieser Zeit empfahl Most humorvolle Literatur als Aufheiterung bei Hypochondrie. Im Jahr 1958 gründete dann der Klinikpfarrer Euler an der Universität Gießen eine Beratungsstelle für Krankenlektüre, ein Modellversuch, der allerdings bald wieder ins Stocken geriet (Munzel, 1997). 1962 veröffentlichte Teirich eine Untersuchung über Bücher als psychotherapeutische und psychohygienische Maßnahme und seit 1970 wird die Bibliotherapie in der Behandlung psychisch Kranker sowie der Seelsorge und Pädagogik eingesetzt. Erwähnenswert ist, dass die Bibliotherapie in der DDR schon früh eine Sonderstellung einnahm und in Kliniken sowie Bibliotheken nicht nur als Angebot verstanden wurde, sondern vielmehr obligatorisch war (Aringer, 2010).

Erste institutionalisierte Bemühungen gibt es in Deutschland seit 1984 mit der Gründung der Deutschen Gesellschaft für Poesie- und Bibliotherapie. Etwa zeitgleich wurden Behandlungsanleitungen zu Selbsthilfemanualen weiterentwickelt, um die Patienten zu Experten in eigener Sache zu machen (Niedermayer, 2006). Weiterhin wurde die Initiative »Das fröhliche Krankenzimmer« des Deutschen Ärztinnenbundes ins Leben gerufen, deren Slogan lautet: *Kranke Kinder brauchen Bücher.* Die Lektüre soll sowohl die kleinen Patienten als auch deren Angehörige informieren, stärken und ermutigen.

Erzählen als Grundhaltung

»Erzählen ist wie Tanzen. Im Rhythmus eines Tanzenden
bewegt sich der Erzähler auf die Wirklichkeit zu.«
(Cesare Pavese)

Erzählen ist eine zutiefst menschliche Eigenschaft und eine zentrale Fähigkeit für das Leben in der Gemeinschaft. Durch Erzählen wird Wissen weitergegeben, es werden Kenntnisse vermittelt, es wird auf drohende Gefahren hingewiesen und es werden Hoffnungen ausgesprochen sowie Ziele und Träume benannt. Erzählen dient sowohl der Bildung von Kulturen als auch der Regelung von Machtverhältnissen. Genaugenommen besteht die gesamte Weltgeschichte aus Erzählungen und auch religiöse Texte sind letzten Endes nichts weiter als verschriftlichte Erzählungen.

Wir denken und begreifen unser Leben und Handeln in Form narrativer Muster, die uns als kulturell geprägte Denk- und Kommunikationsstrukturen begegnen. Erzählungen ermöglichen es uns, Erfahrenes zu strukturieren und anzueignen. Mittels Erzählungen organisieren wir aber nicht nur Informationen, sondern konstruieren zugleich Sinn und Bedeutung. MacIntyre (1981) spricht vom *storytelling animal* und Siefer bezeichnet den Menschen als *homo narrans* und schreibt in seinem Buch »Der Erzählinstinkt«: »Wir organisieren alle unsere Erlebnisse, unser Gedächtnis, unsere Ziele und Wünsche [...] unser gesamtes

Leben auf eine narrative Art und Weise« (2015, S. 15). Erzählend verorten wir uns in Zeit und Raum.

Der Mensch ist ein erzählendes Wesen, das sich nicht zuletzt seine eigene Biographie selbst erzählt. Die persönliche Vergangenheit, mit zahlreichen Gedächtnislücken behaftet, ergibt nur durch unser eigenes Erzählen ein kohärentes Ganzes. So passiert es auch, dass wir vergangene Erlebnisse anders erzählen als diejenigen, mit denen zusammen wir sie erlebt haben. Mitunter erzählen wir Ereignisse nämlich so, wie sie hätten sein können, und nicht, wie sie waren.

In der Pädagogik macht man sich die Tatsache, dass das menschliche Gehirn narrativ strukturiert ist und Erzählen ein gutes Memorieren von Inhalten ermöglicht, schon lange zunutze. Märchen und Geschichten stellten lange den Modus des alltäglichen Lehrens und Lernens dar und auch die moralische Erziehung der Kinder erfolgte häufig über Erzählungen. In der Werbung und im Journalismus setzt man heutzutage ebenfalls auf Geschichten, weil diese neben Fakten Emotionen transportieren und eine Verbindung zur persönlichen Lebenswelt des Lesers beziehungsweise Konsumenten herstellen können.

Erzählungen aktivieren im Gehirn mehr Regionen als reine Informationen, weil sie die Phantasie anregen und Bilder entstehen lassen. Sie verleihen Ereignissen Bedeutung und lassen den Leser nicht nur mitdenken, sondern auch mitfühlen. Geschichten unterhalten und vermitteln Botschaften deswegen effektiver als reine Fakten und haben zudem den Vorteil, dass sie einfacher weitererzählt werden können.

Erzählungen finden sich unter anderem im Mythos, in der Legende, der Fabel, dem Märchen, der Novelle, dem Epos, dem Roman, dem Theaterstück und in Liedern. Der französische Philosoph Roland Barthes postuliert, dass die Menge der Erzählungen unüberschaubar ist und diese uns in gesprochener sowie geschriebener Sprache beständig umgeben und begleiten (in: Siefer, 2016). Erzählen scheint also eine Art psychologische Grundposition in unserem Leben darzustellen.

Die sozialen Gefüge, in denen der Mensch lebt, setzen voraus, dass er in der Lage ist, den Überblick zu behalten; er muss kooperativ und hilfsbereit sein, die Emotionen anderer lesen können und darauf reagieren. Wer sich eloquent der Sprache bedienen kann, hat dabei einen klaren Vorteil. Das war vor tausend Jahren so und ist heute noch immer so. Menschen, die gut reden können, werden als kompetent und glaubhaft wahrgenommen; Sprache bewegt Menschen, sowohl emotional als auch auf der Handlungsebene.

Wie tief der Instinkt des Erzählens im Menschen verankert ist, haben die österreichischen Psychologen Heider und Simmel bereits 1944 erforscht. Sie zeigten Versuchspersonen drei sich bewegende Körper: ein großes und kleines Dreieck sowie einen Kreis. Nachdem die Teilnehmer die Dreiecke und den Kreis eine Zeitlang beobachtet hatten, sollten sie beschreiben, was sie gesehen haben. Aus ihren Beschreibungen wurden Erzählungen, aus den Dreiecken zwei Männer im Streit um eine Frau, den Kreis. Das große Dreieck bedroht das kleine und beide konkurrieren um den Kreis, ein archetypisches Erzählmuster.

»Der menschliche Geist erschafft also offenbar Leben, wo keines ist. Er unterstellt Absichten oder Intentionen und knüpft Bezüge […] Immer und überall wirkt der Drang, Absichten und einen Willen zu erkennen« (Siefer, 2016). Weil die Grundbedingungen menschlichen Lebens über Zeiten und Kulturen hinweg in vielen Bereichen ähnliche Konstellationen aufweisen, beschreiben große archetypische Erzählungen menschliches Denken und Handeln. Liebe, Tod, Eifersucht, das Weibliche, das Männliche, der Held auf seinem gefährlichen Weg – dies alles sind archetypische Erzählmuster. Deswegen funktionieren auch Geschichten besonders gut, die nach dem Prinzip der sogenannten Heldenreise gestrickt sind, in der Motive wie Aufbruch, Initiation, Kampf, Rückkehr und Weisheit eine große Rolle spielen.

Auch die Medien erzählen uns jeden Tag Geschichten. Wie sehr es sich, bei aller Mühe um eine objektive Berichterstattung, um Erzählungen handelt, merken wir, wenn wir ein Thema in unterschiedlichen Zeitungen verfolgen. Die Geschichten werden anders erzählt, selbst wenn die relevanten Fakten die gleichen bleiben, mitunter wechseln sogar Gut und Böse ihre Positionen.

In der Medizin und Psychotherapie macht man sich das Erzählen ebenfalls zunutze, entweder in Form des kreativen und therapeutischen Schreibens oder beispielsweise in der *Narrative Exposure Therapy* (Schauer und Kollegen, 2011; Neuner und Kollegen, 2009), in der davon ausgegangen wird, dass das wiederholte Erzählen und Erleben eines Traumas und die Konstruktion einer kohärenten Geschichte sowohl die emotionale als auch kognitive Verarbeitung fördert. Deswegen werden Betroffene in der Therapie dazu angeregt, ihre Geschichte so zu erzählen, dass das Erlebte einen Sinn bekommt und dadurch einen Abschluss findet. Manchmal werden die Geschichten als Erinnerungshilfe und Überblick nicht nur erzählt, sondern zugleich aufgeschrieben (Heimes, 2012).

In der narrativen Medizin, die ihren Ursprung in den Vereinigten Staaten hat, geht man davon aus, dass man Patientengeschichten wie literarische Texte lesen muss, um zu verstehen, unter was der Patient leidet. Charon (2008), Pionierin auf dem Gebiet der narrativen Medizin, hatte bei sich selbst bemerkt, wie das Lesen ihr Interesse an den Menschen geweckt und vertieft hatte und wie es sie zugleich gelehrt hatte, aufmerksam zu sein und vielfältige Ausdrucksebenen wahrzunehmen, um die Äußerungen ihrer Patienten in einen größeren Lebenskontext zu stellen und besser zu verstehen, statt nur Symptome zu behandeln.

Diese Vorgehensweise, Patientengeschichten in den Vordergrund der Behandlung zu rücken, ist auch in der Chinesischen Medizin und der Homöopathie bekannt; hier geht es ebenfalls darum, herauszuhören, was die Ursache des Leidens ist. Nur wenn die komplette Lebensgeschichte eines Menschen einbezogen wird, können Beschwerden auf lange Sicht verstanden und geheilt werden. Nur wenn verstanden wird, wie sich das Leiden (möglicherweise über viele Jahre hinweg) aufgebaut hat, ergeben sich Ansatzpunkte für Veränderungen und Ideen, wie das Leiden zu mildern oder vollständig aufzuheben ist.

Wir alle leben in Geschichten. Unsere eigene Lebensgeschichte reicht von der Geburt bis zum Tod, und in Literatur wie Medizin geht es darum, die persönlichen Lebensgeschichten zu erzählen und Kontakt herzustellen, zwischen Autor und Leser, Arzt und Patient. Nicht umsonst gibt es viele Beispiele von Ärzten, die zugleich Schriftsteller sind (Benn, Tschechow), und Literaten sowie Ärzten, die sich mit der heilsamen Wirkung von Literatur beschäftigen und beide Bereiche miteinander verschränken (Charon, Hustvedt).

Wagner, der die Autobiographie »Leben« (2013) geschrieben hat, sagt in einem Interview, er habe das Buch geschrieben, »um diese wundersame Geschichte« seines Überlebens »überhaupt zu verstehen«. Nach einer erfolgreichen Lebertransplantation und der Auszeichnung seines Buches mit dem Preis der Leipziger Buchmesse sagt er: »Ja, es ist ganz einfach so: Wenn man in so einer existenziellen Lage ist, hilft einem das Erzählen und das Erfinden, denn, Daniela Strigl [die Laudatorin] hat das sehr schön gesagt, solange erzählt wird, ist man noch nicht tot. Und so ist es immer eine Lebensvergewisserung« (DR Kultur, 2013).

Bedeutung der Lesebiographie

> *»Von seinen Eltern lernt man lieben, lachen, und laufen.*
> *Doch erst wenn man mit Büchern in Berührung kommt,*
> *entdeckt man, dass man Flügel hat.«*
> (Helen Hayes)

Die Erinnerung daran, wer uns das Lesen beigebracht hat und welche die ersten Bücher waren, die uns beeindruckt haben, kann mit einem Gefühl von Dankbarkeit und Verbundenheit einhergehen. Die einzelnen Lesestationen seines Lebens zu reflektieren und die eigene Biographie des Lesens Revue passieren zu lassen, kann uns veranschaulichen, welchen Weg wir zurückgelegt haben, da der Weg der eigenen Lektüre oft eine enge Verbindung zur eigenen Entwicklung aufweist und uns verschiedene Entwicklungsschritte vor Augen führt.

Indem wir unsere Lesebiographie aufschreiben, stellen wir fest, welche Werke uns wichtig waren und vielleicht noch immer sind, aus welchen Gründen uns etwas beeindruckt und vielleicht sogar geprägt hat. Texte, die uns einmal etwas bedeutet haben, mögen uns zu einem anderen Zeitpunkt vielleicht nicht mehr beeindrucken und umgekehrt. Manche Bücher und Geschichten begleiten uns dagegen ein Leben lang.

Nur selten fragt uns jemand nach unseren frühen Leseerfahrungen oder nach Gewohnheiten und Veränderungen in unserem Leseverhalten. Zuweilen empfehlen wir Bücher oder bekommen welche empfohlen, aber systematisch oder stringent denken wir selten darüber nach, was Bücher für eine Bedeutung, für einen Einfluss auf uns hatten und noch immer haben.

Die Journalistin Dovey, die sich auf das Experiment einer Bibliotherapie einlässt, beschreibt in ihrem Artikel »Can reading make you happier?« (2015) eindrücklich, welche Wirkung schon das Ausfüllen des Fragebogens über ihre Lesegewohnheiten hatte. Es überraschte sie positiv, dass sich überhaupt jemand dafür interessierte, und erstaunte sie zugleich, dass ihr bisher niemand diese Fragen gestellt hatte. Schon das Geständnis, dass sie mehr Bücher als Kleider einpackt, wenn sie verreist, verwunderte sie. Was sie aber am meisten überraschte, war, dass sie sich bereits nach der Beantwortung des Fragebogens besser und leichter fühlte.

Vielleicht geht es Ihnen auch so nach Beantwortung des auf Seite 125 f. abgedruckten Fragebogens. Vielleicht ruft das Ausfüllen des Fragebogens nicht nur Erinnerungen wach, sondern verhilft Ihnen auch zu der ein oder anderen Erkenntnis. Gerk weist in ihrem Buch »Lesen als Medizin« darauf hin, dass jeder Leser aus eigener Erfahrung weiß, dass Literatur seelisch verwendbar ist, manchmal so sehr, »dass ein Vers, eine Erzählung, ein Roman das ganze Leben verändern kann, und sei es nur für ein paar Stunden« (2015, S. 16).

Vielleicht mag es ja auch Ihnen hilfreich erscheinen, einmal schriftlich darüber nachzudenken, welche Bücher einen Einfluss auf Sie und Ihr Leben hatten und welcher Art dieser Einfluss war. Zumal wir Bücher und das Lesen oft mit Situationen und Menschen und einer bestimmten Atmosphäre in Verbindung bringen. Vielleicht hat Ihnen als Kind jemand vorgelesen und Sie können noch heute nachempfinden, wie Sie sich damals gefühlt haben.

Wie wichtig Geschichten und Gedichte sein können, erfährt man auch in der Arbeit mit Menschen, die unter einer Demenz leiden. Auch wenn sie viele Ereignisse aus ihrem Leben vergessen haben, erinnern sie oft Gedichte, die sie früher in ihrem

Leben gelesen und vielleicht sogar auswendig gelernt haben. Das Aufsagen dieser Texte und das Erinnern daran, wie sie gelernt wurden, vermögen Trost zu spenden und Halt zu geben, insbesondere in einer Phase, in der das eigene Leben zunehmend zu zerfallen droht.

Gerk bekennt in Bezug auf ihre eigene Lesebiographie: »Ich erinnerte mich an heilsame – und heillose – Buchbegegnungen. Wie Treibgut tauchten meine Heldinnen und Helden aus der Buchwelt wieder auf und stießen weitverzweigte Erinnerungsräume auf, die mir auf ganz andere Weise etwas über mein Leben erzählten als ein Tagebuch oder ein Fotoalbum« (2015, S. 18), und mir selbst erging es ganz ähnlich, als ich meinen eigenen Fragebogen ausfüllte. Zudem bemerkte ich, wie schwer es mir fiel, bestimmte Bücher zu nennen und andere wegzulassen. Eine Auswahl zu treffen, kam mir wie ein Verrat vor. Ein Verrat an Büchern, die mir wie Freunde ans Herz gewachsen waren und mich in entscheidenden Phasen meines Lebens begleitet hatten. Doch sie alle zu nennen, hätte wiederum den Rahmen des Fragebogens gesprengt.

Die leidenschaftlichste Liebeserklärung an Bücher, die ich jemals gelesen habe, stammt von dem argentinischen Schriftsteller Borges, der sich das Paradies als eine Art Bibliothek vorstellte. Dieser Liebeserklärung kann ich mich nur anschließen. Denn auch wenn es wenig Sinn hat, bei jedem Umzug Unmengen von Büchern von einem Ort zum anderen zu transportieren, mache ich es dennoch; die Bücher in meinen Regalen haben eine beruhigende Wirkung auf mich. Ihre Autoren umgeben mich ebenso wie die Helden der Geschichten und fast fühlt es sich an, als wüssten auch sie um meine Lebensgeschichte.

Auch Manguel verrät uns in »Eine Geschichte des Lesens«, dass der Besitz bestimmter Bücher für ihn besonders kostbar geworden ist, weil er damit seine Vergangenheit hütet. Er gesteht, dass er das Verlangen hat, das »Depot seiner Leseerlebnisse zu schützen und zusammenzuhalten – Gedankengeflechte, Stimmen, Düfte« (2012, S. 326).

Wenn Sie den auf Seite 125 f. abgedruckten Fragebogen, den ich als Leitfadeninterview verwendet habe, selbst ausfüllen, nehmen Sie sich ruhig ein paar Tage Zeit dafür. Achten Sie nicht nur darauf, welche Titel und Autoren Ihnen einfallen, sondern ebenso, welche Bilder, Stimmungen und sinnlichen Details auftauchen. Vielleicht erinnern Sie noch, wo und in welchen Situationen Sie die Bücher gelesen haben und wer Sie in Ihrer Lektüre und Versenkung begleitet oder gestört hat.

Neben den im Leitfadeninterview gestellten Fragen lohnt es sich ebenfalls, darüber nachzudenken, welche Rolle das Lesen in Ihrer Familie gespielt hat, welchen Stellenwert Literatur hatte. Hierbei kann das Spektrum von der Idee, Lesen sei Zeitvergeudung, bis hin zu der Überzeugung reichen, Lesen sei sowohl für die Bildung des Geistes als auch die Bildung des Charakters unerlässlich. Gleichgültig, welche Meinung in Ihrer Herkunftsfamilie geherrscht hat, stellt sich zugleich die Frage, welche Einstellung Sie selbst zum Lesen und zu Büchern haben und welche Ideen Sie weitergeben.

Der britische Autor Hornby vermittelt in »Mein Leben als Leser« (2005) auf humorvolle Weise, wie man über die Reflexion der eigenen Lesebiographie und Lesegewohnheiten Zugang zu tieferen Schichten seines Selbst bekommt. Batuman zeigt in »Die Besessenen. Abenteuer mit russischen Büchern und ihren Lesern« (2011), wie eng Lese- und Lebensgeschichte miteinander verwoben sind und wie wirkungsvoll es sein kann, das eigene Leben einmal anhand des bisher Gelesenen zu betrachten.

Das Feedback der für dieses Buch interviewten Leser auf den Fragebogen war durchweg positiv in dem Sinne, dass die Befragten es als Bereicherung empfanden, sich die eigene Lesebiographie vor

Augen zu führen; sich daran zu erinnern, welche Bücher entscheidenden Einfluss auf Leben und Denken sowie den persönlichen Entwicklungs- und Reifungsprozess hatten. Vielleicht möchten Sie als Leser diesen Weg für sich nachvollziehen und unter Umständen Freunde, Bekannte oder Patienten dazu einladen, dasselbe zu tun.

Buchempfehlungen: Ja/Nein?

>»Denn was man Schwarz auf Weiß besitzt,
>kann man getrost nach Hause tragen.«
>(Johann Wolfgang von Goethe, Faust I)

In der *instruktiven Bibliotherapie* (siehe Seite 15 f.), in der vor allem mit Sachtexten und Selbsthilfemanualen gearbeitet wird, dürften Empfehlungen keine allzu großen Probleme bereiten, zumal die Manuale oft zur Therapie spezifischer Krankheitsbilder eingesetzt werden, wie etwa Depressionen oder Angststörungen, und darauf zugeschnitten sind. In diesem Bereich gibt es eine reiche Auswahl an Selbsthilfemanualen, die sowohl Informationen zu Krankheitsbildern als auch Behandlungsanleitungen beinhalten, meist im Sinne einer Verhaltenstherapie. Eine Untersuchung von Norcross (2006) zeigt, dass 85 Prozent der amerikanischen Psychologen von diesem Angebot Gebrauch machen und ihren Patienten Selbsthilfebücher empfehlen. Für Deutschland sind dazu leider keine Zahlen bekannt.

In der *fiktiven* und *pädagogischen Bibliotherapie* ist es dagegen deutlich schwieriger, Empfehlungen zu geben, da Lesevorlieben so individuell sind wie Lebensläufe und Lebenssituationen. Hinzu kommt, dass die Lektüre sowohl Freude bereiten als auch den Leser in das Geschehen hineinziehen soll. In der Bibliotherapie mit Erwachsenen besteht der Vorteil, dass diese meist sehr gut und genau sagen können, welche Lektüre eine Hilfe für sie darstellt und welche nicht. In der Arbeit mit Kindern und Jugendlichen ist das nicht immer der Fall, so dass die Auswahl geeigneter Bücher noch bedeutsamer wird.

Die Empfehlungen von Tuke (1813), dem Enkel des Gründers des psychiatrischen Krankenhauses York Retreat, die Phantasie von »Geisteskranken« nicht zu sehr zu stimulieren und ihnen besser naturwissenschaftliche sowie mathematische Werke zur Beruhigung ihrer Nerven zu geben, darf wohl als überholt gelten. Aber sein Hinweis, dass es bei Lektüreempfehlungen auf Auswahl und Dosierung ankomme, ist auch heute noch von zentraler Bedeutung.

Zeitgemäß scheint auch Dudas Überlegung, Patienten sollten sich mit Themen auseinandersetzen, die vor ihrer Erkrankung eine Rolle gespielt haben, um sie zu motivieren, in den Alltag und ihr Leben zurückzukehren. Duda schreibt, dass es bei der Auswahl der geeigneten Lektüre darauf ankomme, »Bücher zu finden, die uns entwickeln und durch die wir zu uns selbst und zum Leben kommen« (2008, S. 15 f.). Pardeck (1992) empfiehlt zudem, dass sich die Auswahl der Lektüre an der Lesefähigkeit orientieren soll, wobei darauf zu achten sei, dass die Anforderungen weder zu hoch noch zu niedrig seien, da auch eine anspruchslose Lektüre beschämen und überdies langweilen könne.

Die Motivation und der Glaube an die Wirksamkeit der Bibliotherapie sind ebenfalls wichtige Voraussetzung für ihr »Funktionieren«. Neben der Idee des Lesers, dass er seine Probleme mittels Lektüre selbst in Angriff nehmen kann, setzt die Bibliotherapie voraus, dass der Leser in der Lage ist, Lektürevorschläge wahrzunehmen, was bei schwer depressiven Menschen mit Konzentrationsproblemen beispielsweise eine Schwierigkeit darstellen kann (Cuijpers, 1997).

Der Arzt und Autor Dietrich Weller hat sich in seiner ärztlichen Praxis eine hilfreiche Strategie angeeignet. Bevor er ein Buch empfiehlt, fragt er seine Patienten: »Haben Sie in Ihrer jetzigen Verfassung ›einen Kopf‹ zum Lesen?« Und erklärend für uns fügt er hinzu: »Wenn Menschen in tiefen Gefühlen sind, haben sie oft keine Konzentration für lange oder schwierige Texte.« Zu bedenken ist zudem, ob die Menschen, mit denen man arbeitet, sich durch ein bibliotherapeutisches Angebot nicht möglicherweise abgeschoben fühlen oder das Gefühl bekommen, ihre Probleme seien nicht schwer genug, sondern bereits durch die Lektüre eines Buches zu heilen.

Je mehr Problembewältigungsstrategien und Lösungswege ein Buch anbietet, umso leichter fällt es dem Leser, die für ihn passende Strategie zu wählen. Weiterhin erscheint es wichtig, dass Bücher eine möglichst wertfreie Haltung präsentieren und, wenn möglich, Humor einbeziehen. In jedem Fall sollte ein Buch es dem Leser ermöglichen, sich mit dem Umfeld, der Handlung und den Charakteren zu identifizieren und deren Beweggründe nachzuvollziehen.

Auch Jalongo (1983) beschreibt einige Punkte für die Auswahl der bibliotherapeutischen Lektüre. So erscheint ihm eine wichtige Voraussetzung, dass es im Buch eine einleuchtende und plausible Handlung mit nachvollziehbaren Reaktionen der Protagonisten gibt, die zugleich die Verschiedenheiten der Menschen in achtsamer und wertschätzender Weise präsentiert; Probleme sollten überdies als überwindbar dargestellt werden. Der Autor und Therapeut Udo Baer hingegen vertraut darauf, dass »jedes Buch, das Leser/-innen berührt, heilsam sein kann«.

Der Pädagoge und Autor Sven Biela merkt an, dass die in England herrschende Praxis, sich vom Arzt Bücher gegen Depressionen verschreiben zu lassen und das Rezept in der Stadtbibliothek einzulösen, einen sehr belesenen Arzt mit viel Einfühlungsvermögen voraussetze. Auch die Diplom-Sozialpädagogin Suzana Erlauer ist zurückhaltend, wenn es um Buchempfehlungen geht: »Ich könnte keine Bücher pauschal empfehlen. Ich müsste schauen, was ist das für ein Mensch, was ist das für ein Leser, was will er und was braucht er, und dann ›empfehlen‹.«

Insbesondere in der bibliotherapeutischen Arbeit mit Kindern und Jugendlichen erfordert die Auswahl eines Textes oder Buches ein hohes Maß an Einfühlungsvermögen. Denn gerade in diesem Bereich besteht oft ein großer Unterschied zwischen dem, was dem Therapeuten als sinnvoll erscheint, und dem, was Kinder und Jugendliche anspricht und berührt. Bei jüngeren Kindern scheint es sinnvoll, eine möglichst einfache Handlung ohne allzu viele Nebenstränge oder Themenwechsel zu wählen. Das ermöglicht nicht nur, die Konzentration länger aufrechtzuerhalten, sondern sorgt zudem für ein besseres Verständnis (Blechinger, 2011).

Obwohl Lektüreempfehlungen also immer mit Vorsicht zu genießen sind und es keine richtigen oder falschen Bücher gibt, werden an verschiedenen Stellen in diesem Buch immer wieder ein paar Leseerfahrungen der interviewten Experten wiedergegeben, so dass Sie als Leser Anregungen erhalten und vielleicht neugierig werden und Lust haben, die eine oder andere Leseerfahrung der Interviewten mit Ihrer eigenen abzugleichen.

Berthoud und Elderkin, deren Buch »Die Romantherapie. 253 Bücher für ein besseres Leben« (2014) viele Leseimpulse enthält, lernten sich schon als Studentinnen an der Cambridge Universität kennen. Als sie aufeinandertrafen, empfahlen sie sich wechselseitig bei Liebeskummer, Lebensplanungsschwierigkeiten und Frustrationen verschiedene Werke zum Lesen. Was zunächst als persönliche Lebenshilfe gedacht war, wurde schnell zu einem wichtigen Teil ihres Lebens. Als ein Kommilitone eine *School of Life* plante, präsentierten sie ihm die Idee einer bibliotherapeutischen Klinik. Heute ist daraus ein Netzwerk von Bibliotherapeuten entstanden, die ihre Ausbildung in der *School of Life* erhalten haben (Dovey, 2015).

II Wirkungen der Bibliotherapie

Hilfe und Heilung

»*Das rechte Buch zur rechten Zeit hat
viele Menschen vor dem Selbstmord bewahrt.*«
(Victor Frankl)

Bücher haben einen starken Einfluss auf unser Wohlbefinden sowie auf unsere Werte und Einstellungen und können uns bei unserer Lebensgestaltung und -bewältigung helfen (Aringer, 2010). Das Buch ist ein »unaufdringliches Medium«, das die Tiefenschichten des Menschen zu mobilisieren vermag und Bewusstseinsprozesse initiieren und beeinflussen kann (Munzel, 1997). Literatur kann Probleme darstellen, Informationen und Einsichten liefern und Lösungsangebote machen. Lesen kann ein Bewusstsein dafür schaffen, dass auch andere Menschen über Zeiten, Grenzen und Kulturen hinweg mit ähnlichen Problemen konfrontiert waren und es noch immer sind (Grahlmann und Linden, 2005).

Zahlreiche der für dieses Buch interviewten Experten betonen, dass sich ihnen durch das Lesen eine neue Welt erschlossen hat, eine, in der das Selbst keimen und wachsen kann, weil Lesen immer auch dazu beiträgt, dass man lernt und Erfahrungen macht. Lutz von Werder, Philosoph und Autor, hält die Aussage, dass Lesen heilsam ist, für die beste Idee seit der Entdeckung der Psychoanalyse.

Reibestein (1996), die bibliotherapeutische Aspekte in ausgewählten Werken von Goethe untersuchte, führt verschiedene

Funktionen von Geschichten an: Modell- und Erholungsfunktion, Überlieferungs-, Vermittlungs- und Spiegelfunktion, Depot-, Regressions- und Alternativfunktion sowie Mobilisierungs- und Begleitfunktion. Sie vertritt die Meinung, dass Lesen zum verbesserten Selbstverständnis und zu Problemlösungsstrategien beitragen kann und Werte zur Erneuerung sozialer und kultureller Verhaltensweisen vermittelt sowie die Entwicklung der Ausdrucksfähigkeit fördert.

Duda, der »Lesekunst als Lebenskunst« (2008) geschrieben hat, führt ebenfalls die Depotfunktion als einen wesentlichen Faktor der heilsamen Wirkung des Lesens an, wobei er darunter den Effekt versteht, der durch das Einprägen von Bildern und Symbolen erreicht wird, die in schwierigen Situationen abgerufen werden können. Lesen, so Duda, kann bei der Bewältigung von Traumata helfen, indem es zur Entspannung und Selbstdistanzierung beiträgt und zugleich mobilisiert und motiviert.

In seinem Roman »Ein ganz besonderes Jahr« schreibt Montasser über seine Protagonistin: »Literatur als Therapie? Das hätte sie so nie unterschrieben. Und doch ahnte die junge Frau, dass ihr die kleinen Fluchten ins Gewitzte über den Infekt hinweggeholfen hatten, als sie zwei Tage später wieder munter war …« (2016, S. 31). Und an anderer Stelle heißt es in dem Roman: »In der Tat, Literatur kann einen Menschen fesseln und seine ganze Aufmerksamkeit gefangennehmen. Sie kann uns in andere Welten versetzen und uns der Beschwernisse des Alltags entheben, so dass wir ganz in ihr aufgehen« (S. 47).

Die heilsame Wirkung des Lesens lässt sich in wissenschaftlichen Untersuchungen belegen, wobei in diesem Buch sowohl Studien berücksichtigt wurden, die sich auf die Lektüre von Belletristik beziehen, als auch Untersuchungen, die sich mit der Lektüre von Ratgebern und Selbsthilfemanualen beschäftigen. Auffällig ist, dass es viel mehr Untersuchungen zur *instruktiven Bibliotherapie* mittels Selbsthilfemanualen gibt als zur Bibliotherapie mittels fiktiver Literatur; vielleicht, weil in der *belletristischen Bibliotherapie* zahlreiche unterschiedliche Werke eingesetzt werden, was die Vergleichbarkeit erschwert, während in der *instruktiven Bibliotherapie* oft dieselben Manuale verwendet werden, was entsprechende Untersuchungen erleichtert.

Eine im Iran durchgeführte Studie untersuchte beispielsweise die Wirkung der *instruktiven Bibliotherapie* auf Menschen mit Depressionen in einer ländlichen Gegend, in der nur ein eingeschränkter Zugang zu psychotherapeutischen Angeboten vorhanden war. Es zeigte sich, dass die Bibliotherapie zur Reduktion depressiver Symptome beitrug (Taleban und Kollegen, 2016). Zu einem ähnlichen Ergebnis kam eine thailändische Untersuchung, in der man Menschen mit Depressionen entweder nur psychotherapeutisch behandelte oder ihnen zusätzlich eine *informative Bibliotherapie* zukommen ließ. Letztere Patienten waren weniger erschöpft, hoffnungs- und ruhelos als Patienten, die ausschließlich Psychotherapie erhalten hatten (Songprakun und McCann, 2012).

Norcross (2006), der gleich mehrere Studien zusammenfasste, konnte die Wirksamkeit von Selbsthilfebüchern bei Depressionen, Angststörungen und Alkoholproblemen aufzeigen. Und Cuijpers (1997) kommt zu dem Schluss, dass die Bibliotherapie bei Depressionen eine ebenso effektive Behandlung darstellt wie Einzel- und Gruppenpsychotherapie. Auch Gregory und Kollegen (2004), die insgesamt 29 Studien zur Bibliotherapie bei leichten bis mittelschweren Depressionen analysierten, konnten die positive Wirkung des Lesens nachweisen.

Morgan und Jorm (2008) zeigten, dass Bibliotherapie bei depressiven Störungen im Vergleich zu anderen Selbsthilfeverfahren am effektivsten war. Stice und Kollegen (2007 und 2008) wiesen nach, dass Bibilotherapie einen positiven Einfluss auf Jugendliche hat, die für depressive Beschwerden anfällig sind. Auch in einer Studie, in der die Bibliotherapie via Internet vermittelt wurde, konnten die Beschwerden bei leichten bis mittelschweren Depressionen gemildert werden (Andersson und Kollegen, 2004 und 2005).

Marrs (1995), der in seine wissenschaftliche Analyse 70 Studien aus unterschiedlichen Bereichen einbezog, kommt zu dem Schluss, dass eine bibliotherapeutische Behandlung bei Depressionen, Angststörungen, sexuellen Funktionsstörungen und zur Verbesserung der Selbstsicherheit effektiv ist, während sie bei Studienproblemen und als Unterstützung zur Veränderung schädlicher Gewohnheiten (zum Beispiel Rauchen, Alkohol) weniger hilfreich ist. Scogin und Kollegen (1990b) zeigten, dass die durch bibliotherapeutische Behandlung erreichten Verbesserungen bei depressiven Menschen bis zu zwei Jahre nach der Maßnahme anhalten und gut in der Behandlung von älteren Menschen mit depressiven Beschwerden und kognitiven Einschränkungen eingesetzt werden können (Scogin und Kollegen, 2014).

Es bleibt festzuhalten, dass die Bibliotherapie bei leichten bis mittelschweren Depressionen eine lohnende Alternative oder Ergänzung zur klassischen Psychotherapie darstellt und sie ebenfalls zur Überbrückung von Wartezeiten auf einen Therapieplatz einsetzbar ist. Letzteres wird noch einmal explizit durch die Untersuchung von Den Boer und Kollegen (2004) bestätigt, die verschiedene Studien analysierten, in denen gezeigt werden konnte, dass Bibliotherapie deutlich wirksamer ist als keine Behandlung, insbesondere bei Angststörungen und Depressionen.

Floyd (2003) plädiert für die Integration der Bibliotherapie in die kognitive Verhaltenstherapie. Er ist der Meinung, dass die Bibliotherapie den Lernprozess beschleunigt und die Auseinandersetzung mit dem bibliotherapeutischen Material Zeit für andere Fragen spart. Zudem merkt er an, dass in der Bibliotherapie Probleme angesprochen werden können, die vielleicht nicht immer unmittelbares Ziel der Therapie sind, die Therapie aber durchaus tiefer und umfassender machen können. Als weiteren wichtigen Vorteil der Bibliotherapie nennt Floyd die Stärkung der Eigenverantwortung der Patienten. Dies bestätigt sich in den Ergebnissen von Ackerson und Kollegen (1998), die zeigten, dass die *kognitive Bibliotherapie* ungünstige Gedankenmuster bei depressiven Erwachsenen abschwächt.

Aber nicht nur depressive Beschwerden, sondern auch Ängste und Stress können durch Bibliotherapie erfolgreich reduziert werden. Zetterqvist und Kollegen (2003) wiesen nach, dass eine internetbasierte Bibliotherapie zu einer bedeutsamen Verminderung von Stress, Angst und Depression beitrug. Jorm und Kollegen (2004) zeigten, dass die bibliotherapeutische Lektüre zur Reduktion von Ängsten führte, am besten waren die Ergebnisse bei Phobien.

Van Straten und Kollegen (2008), die ein internetbasiertes bibliotherapeutisches Programm anboten, kamen zu ähnlichen Ergebnissen. Durch die Bibliotherapie verbesserte sich die Lebensqualität der Patienten. In einer Untersuchung von Sharma und Kollegen (2014) konnte der Stresslevel von Angestellten und Studierenden mittels Bibliotherapie gesenkt und die Fähigkeit zur Erholung erhöht werden (Riahinia und Kollegen, 2010).

Cohen (1994) konnte zeigen, dass die Lektüre fiktiver Texte Erwachsenen hilft, mit schwierigen Umständen fertig zu werden und Stress zu vermindern, und auch für Gebärende hilfreich sein kann (Cohen, 1992). Fritzler und Kollegen (1997) verzeichneten Erfolge der Bibliotherapie bei Zwangsstörungen. Gemäß Yeater und Kollegen (2004) trug die Anwendung von Bibliotherapie zur Vermeidung sexueller Belästigungen und Übergriffe bei.

Jack und Ronan (2008) betonen, dass Bibliotherapie sowohl für den Arzt als auch den Patienten eine gute Unterstützung sein kann und wir uns bemühen sollten, mehr darüber herauszufinden, wie wir die Bibliotherapie systematisch einsetzen können, das heißt, dass wir noch spezifischer und detaillierter untersuchen sollten, wer zu welchem Zeitpunkt und auf welche Weise am meisten von der Bibliotherapie profitiert.

Die heilende Wirkung der Bibliotherapie wurde bereits in das »Handbuch nichtmedikamentöser Interventionen« (HANDI, 2013) aufgenommen: »Bibliotherapy has NHMRC Level 1 evidence of efficacy and no serious adverse effects have been reported« (S. 199). Sie hat demnach eine nachgewiesene Wirkung, ohne bedenkliche Nebenwirkungen, und wird für Patienten mit leichten bis mittelschweren Depressionen empfohlen sowohl als alleinige als auch als ergänzende Therapiemaßnahme. Das Projektteam des Handbuchs sieht die Rolle des Arztes in der Bibliotherapie in erster Linie in der Unterstützung und Motivation des Patienten. Entgegen der Befürchtungen, es könne bei der Bibliotherapie viele Therapieabbrecher geben, hat das Projektteam herausgefunden, dass die Abbruchrate geringer ist als bei anderen psychologischen Therapien.

Anderson und Kollegen (2005) analysierten sechs Studien, in denen die Bibliotherapie mittels Selbsthilfemanualen wirksam war, und kommen zu dem Schluss, dass es sich um eine vielversprechende Therapieoption handelt, insbesondere im Bereich der Allgemeinmedizin sowie zur Behandlung leichterer Depressionen und chronischer Krankheiten. Sie verstehen die Bibliotherapie als möglichen ersten Therapieschritt und plädieren für eine entsprechende Schulung von Allgemeinmedizinern.

Eine schöne Zusammenfassung über die Heilkraft des Lesens und zugleich ein anschauliches Praxisbeispiel liefert die Ärztin und Psychotherapeutin Elisabeth Drimalla, die in ihren Therapien sowohl mit Büchern als auch Filmen arbeitet und Folgendes schreibt: »In den Psychotherapien spreche ich mit meinen Patienten häufig über Bücher oder Filme, die mir zu den Konflikten der entsprechenden Patienten einfallen. Meistens lesen die Patienten dann diese Bücher oder sehen sich die Filme an. Sie lernen dadurch andere Sicht- und Lebensweisen kennen und können diese ›anprobieren‹. Sie finden ihr Fühlen in Worte oder Bilder gefasst und kommen dadurch auf neue Gedanken. Geschichten, die innere Bilder entstehen lassen, sind viel wirksamer als theoretische Erklärungen oder Diskussionen.«

Auch die Philosophieprofessorin Nicola Erny ist der Meinung, dass Lesen heilsam sein kann, weil es »Welt- und Ich-Vergessenheit« ermöglicht. Der Kreativtherapeut Guido Lersen hat am eigenen Leib erfahren, dass Lesen heilsam sein kann: Lesen »kann beruhigen. Es zeigt auf, dass man etwas ändern kann – wenn man möchte. Es kann in unruhigen Zeiten entspannen. Man kann sich durchs Lesen ausgleichen. Ich habe mich darüber ausgleichen können und bin auf andere Gedanken gekommen. So konnte ich Lösungen zu Problemen entwickeln und angehen.«

Der Journalist und Hochschulprofessor Lars Rademacher verweist darauf, dass sowohl Schreiben als auch Lesen heilsam sein kann, weil in der Literatur geheilt oder zusammengesetzt werden kann, was der Mensch als disparat oder getrennt erlebt. Die Psychologin Gabriele Rinderknecht schreibt: »Ich weiß gar nicht, wie man ohne Lesen Krisen überwinden kann … vielleicht mit Filmen oder Musik, aber Lesen ist das beste Heilmittel!«

Der Kommunikationspsychologe und Professor Carlo Michael Sommer kann der Idee, dass Lesen heilsam ist, ebenfalls etwas abgewinnen, wenn es »nicht zu konkretistisch oder esoterisch gemeint ist«. Wie wenig esoterisch, sondern vielmehr real die heilende Wirkung des Lesens sein kann, beschreibt die Krankenschwester und Beraterin Gabi Sturm: »Die Idee, das Lesen heilsam ist, stellt mein Leben seit 1967 unter Beweis. Mit dem Eintritt ins Schulalter kam ich zum ersten Mal zu Hause raus. Innerhalb weniger Wochen habe ich das Lesen gelernt und es erschloss mir die Welt.«

Eine bahnbrechende Untersuchung der Yale Universität (Bavishi und Kollegen, 2016), die über dreitausend Leute untersuchte, kam zu dem Ergebnis, dass Lesen das Leben verlängern kann. Zwölf Jahre lang hatten die Forscher drei Gruppen beobachtet: Menschen, die keine Bücher lesen; Menschen, die dreieinhalb Stunden in der Woche lesen und Vielleser. Das Ergebnis ist beeindruckend: Buchliebhaber leben im Schnitt zwei Jahre länger als Menschen, die keine Bücher lesen. Am besten schnitten die Vielleser ab. Woher die Schutzwirkung des Lesens rührt, wurde nicht untersucht. Unklar ist auch, ob Sachbücher ebenso lebensverlängernd wirken wie Romane. Zum jetzigen Zeitpunkt weiß man nur, dass Zeitungsleser nicht in gleicher Weise profitieren wie Buchleser. Alles Weitere wird in Folgeuntersuchungen zu klären sein.

Entwicklung und Förderung

»Beim Lesen guter Bücher wächst die Seele empor.«
(Voltaire)

Ein weiterer Einsatzbereich der Bibliotherapie findet sich in der Pädagogik, wobei anzumerken ist, dass in den meisten bibliotherapeutischen Settings mit Kindern die Eltern in die Therapie miteinbezogen werden. In der Arbeit mit Kindern und Jugendlichen gibt es im angloamerikanischen Raum zahlreiche wissenschaftliche Belege für die Wirksamkeit des angeleiteten Lesens. So setzt beispielsweise eine amerikanische Sonderschullehrerin sowohl die Poesie- als auch Bibliotherapie in ihrer Klasse ein und lässt ihre Schüler Tagebuch schreiben oder vermittelt ihnen durch die Lektüre »Der kleine Prinz« (1943) von Saint-Exupéry hilfreiche Einsichten nach belastenden Erlebnissen (Hayden, 1991).

Shechtmann (1999) beschreibt, wie der Einsatz der Bibliotherapie das aggressive Verhalten von Jungen sowohl aus Sicht der Lehrer als auch aus der Sicht der Jugendlichen selbst zu reduzieren vermochte. Coleman und Ganong (1990) konnten nachweisen, dass die Lektüre fiktionaler Literatur in der Arbeit mit Kindern aus Patchworkfamilien hilfreich ist. Ein Ergebnis, das Pardeck (1993) bestätigt. Er berichtet, dass Bücher Kindern aus Patchworkfamilien positive Aspekte aufzeigen können, wie etwa den Gedanken, dass die Kinder durch die Patchworkfamilie »neue« Geschwister und

Vorbilder bekommen. Farkas und Yorker (1993) fanden die Bibliotherapie in der Arbeit mit obdachlosen Kindern hilfreich.

In einer bibliotherapeutischen Maßnahme für Kinder mit ADHS (Aufmerksamkeitsdefizit-Hyperaktivitäts-Störung), in der das Buch »Wackelpeter und Trotzkopf« (Döpfner und Kollegen, 1999) als Lektüre verwendet wurde, besserte sich das Verhalten der Kinder deutlich und auch die Grundüberzeugungen der Eltern veränderten sich zum Positiven (Kierfeld und Döpfner, 2006). In einer weiteren Untersuchung konnte die Bibliotherapie helfen, die Angstsymptomatik von Kindern zu reduzieren (Lyneham und Rapee, 2006).

Andere Untersuchungen beziehen sich auf das Sozialverhalten von Kindern mit autistischen Störungen, bei denen mit sogenannten *Social Stories* gearbeitet wurde. Dabei sollten durch die Geschichten soziale Fähigkeiten erlernt und in der Schule sowie im Alltag spielerisch umgesetzt werden. Durch das Lesen der Geschichten kam es zu einer Verbesserung des Sozialverhaltens, wobei anzumerken ist, dass dies unter Umständen nicht nur auf den Einsatz der bibliotherapeutischen Maßnahmen zurückzuführen ist, sondern möglicherweise auf die gesteigerte Aufmerksamkeit, die den Kindern zuteil wurde (Quirmbach und Kollegen, 2009; Chan und O'Reilly, 2008).

Dass Bibliotherapie bei Kindern mit Einschlafstörungen Erfolg hat, ist nicht weiter verwunderlich. Neben dem beruhigenden Effekt des Vorlesens und der Präsenz eines Elternteils oder einer anderen Bezugsperson am Bett gibt es bestimmte Texte, die das Einschlafverhalten günstig beeinflussen, wie etwa das Bilderbuch »The Sleep Fairy« (2003) von Peterson und Peterson, in dem zwei Kinder, die ihre Einschlafprobleme erfolgreich meistern, von der Schlaf-Fee belohnt werden (Burke und Kollegen, 2004).

Bibliotherapie kann aber auch als Hilfsmittel zum Austausch von Emotionen in der Konfrontation mit Tod und Sterben genutzt werden (Blechinger, 2011). Hierfür gibt es Bücher, die den Eltern

Tipps geben, wie sie mit ihren Kindern über das Sterben und den Tod reden können. Dabei kann es hilfreich sein, das Thema indirekt aufzubereiten, wie beispielsweise in dem Buch »Leb wohl, lieber Dachs« von Varley (2012), in dem die Hauptfiguren Tiere sind und Tod und Sterben als natürlicher Teil des Lebens präsentiert werden.

Auch beim Tod eines Kindes oder Familienmitgliedes kann der Einsatz von Büchern eine wichtige Rolle spielen. Die heilsame Wirkung der Bibliotherapie unter diesen Umständen beschreiben beispielsweise Mahan und Kollegen bereits 1983 in einer Untersuchung von Familien, die ihr Neugeborenes verloren hatten. Die Klinik stellte den betroffenen Eltern jeweils ein Exemplar des Buches »The Bereaved Parent« (Shiff, 1978) zur Verfügung, das sich mit Themen wie Schuldgefühlen und Problemen in der Familie sowie Spannungen zwischen Ehepartnern auseinandersetzt und den Betroffenen sowohl Tipps gibt als auch das Gefühl, mit der Situation nicht allein zu sein.

Warum Lesen für die Entwicklung und Förderung von Kindern und Jugendlichen hilfreich sein kann, erklärt die Neuropsychologin Wolf (2009). Sie ist der Überzeugung, dass Lesen eine Schule mehrdeutigen Verstehens und damit eine Schule zur Persönlichkeitsbildung ist. Lesend nähmen wir nicht nur Informationen auf, sondern bildeten zugleich unsere gedankliche Welt aus. Die Gehirnarchitektur, die sich beim Lesen bilde, bewirke, dass der Leser sowohl auf physiologischer als auch intellektueller Ebene über sich hinauswachse und das Denken in andere Dimensionen ausgreife.

Hinzuzufügen ist, dass dem Lesenlernen in den meisten Schriftkulturen eine Art Initiationsfunktion zukommt. Durch das Lesen tritt der Mensch in einen Zustand der erweiterten Verständigung und kann mithilfe von Büchern am kollektiven Wissen und Gedächtnis teilhaben. Er kann sich mit einer kulturellen Tradition vertraut machen, die er sich mit jedem Leseakt weiter erschließt (Manguel, 2012).

Spiel und Experiment

»Es gibt mehr Schätze in Büchern als Piratenbeute auf der Schatzinsel. Und das Beste ist, du kannst diesen Reichtum jeden Tag deines Lebens genießen.«
(Walt Disney)

Kinder sind geborene Geschichtenerzähler. Sie haben eine ganz eigene Wahrnehmung der Welt und verfügen über zahlreiche innere Stimmen und Realitäten. Geschichten sind für Kinder oft ein Katalysator, um sich auszudrücken und in Kommunikation zu treten. Bereits Zweijährige backen imaginäre Kuchen, lassen Bären sprechen oder telefonieren mittels eines Bauklötzchens. Kinder verfügen über ein großes Einfühlungs- und Vorstellungsvermögen und haben mit einem sterbenden Esel ebensolches Mitleid wie mit einem Unfallopfer oder einem verfolgten Dinosaurier.

Kinder erzählen genaugenommen den ganzen Tag lang Geschichten und erklären sich auf diese Weise auch die Geschehnisse ihrer Umwelt. Sie spielen Geschichten nach, die sie erlebt haben, und erfinden neue, indem sie Bruchstücke verschiedener erlebter Geschichten neu zusammensetzen und phantastische Elemente hinzufügen. Das Geschichtenerfinden hat oft auch einen Nachahmungscharakter: Kinder spielen *Vater, Mutter und Kind* und werden nach einem Arztbesuch oft selbst zum Onkel Doktor, der einen verletzten Teddybären versorgt.

Über Geschichten erfahren Kinder die Welt. Indem sie Geschichten erfinden, können sie sich selbst ausprobieren. Sie erhalten einen

Experimentier- und Handlungsspielraum, in dem sie sich entfalten können. In Geschichten sind Kindern, ähnlich wie in Träumen, weniger Grenzen gesetzt als im Alltag. Das Geschichtenerzählen von Kindern kann deswegen auch als Spiel mit Grenzen verstanden werden, als Austesten dessen, was möglich ist. Zugleich bereitet es Freude an der Freiheit, alles miteinander zu kombinieren und dabei Gesetze auszuhebeln, wie etwa das Gesetz der Schwerkraft, das es normalerweise schwierig macht, Elefanten fliegen zu lassen.

Kinder haben große Freude am Fabulieren und Erfinden neuer Wörter, am Erkunden von Welt und Sprache. In ihren Geschichten sind sie die Herrscher. Dadurch, dass sie aktiv an der Gestaltung von Geschichten teilhaben und Einfluss auf Charaktere und Handlungen nehmen, erfahren sie Selbstwirksamkeit. Oftmals bestehen sie sogar darauf, dass Geschichten immer in einer bestimmten Weise vorgelesen oder erzählt werden, und korrigieren den Vorleser oder Erzähler, sobald er davon abweicht. Das zeigt, dass sie meist schon sehr genaue Vorstellungen haben, wie eine Geschichte verlaufen soll und wem welche Rolle zugedacht ist.

Da Kinder im Alltag viele Regeln und Vorgaben erhalten und wenig Spielraum haben, stellt die Welt der Geschichten einen heilsamen Gegenpol zu der sie oftmals stark strukturierenden Welt dar. Manchmal werden Eltern oder andere Erwachsene beim Spielen und Geschichtenerfinden auch aus dem Zimmer geschickt, weil Kinder diese Welt für sich haben wollen.

Neben den Geschichten, die Kinder selbst erfinden, gibt es die Welt der Geschichten, die wir Kindern nahebringen. Viele Geschichten, wie etwa Volkserzählungen oder Märchen, beinhalten Lebensweisheiten oder zeigen, wie schwierige Situationen gemeistert werden können. Anhand dieser Geschichten können Kinder sich mit Charakteren identifizieren und durch sie lernen. Das geschieht besonders wirkungsvoll, wenn Kinder die Gelegenheit erhalten, über Gehörtes oder Gelesenes zu sprechen und

Fragen zu stellen. Durch Literatur und Gespräche über Literatur gelingt es Kindern, bestimmte Aspekte der Welt einzuordnen. Zudem erleichtern Geschichten den Kindern, eigene Gedanken und Gefühle zu artikulieren (Proctor, 2015).

Allerdings reagieren Kinder zu Recht empfindlich, wenn sie eine belehrende oder pädagogische Absicht hinter einem Text vermuten. Sie wollen nicht auch noch in ihrer ureigensten Domäne, ihrer Phantasiewelt, belehrt und gemaßregelt werden. Das Gleiche gilt für Texte, die sich einer besonders simplifizierenden Sprache bedienen und Kinder nicht ernst nehmen. Natürlich muss man für Kinder anders schreiben als für Erwachsene, aber man darf sie auf keinen Fall unterschätzen und schon gar nicht langweilen. Kinder haben ein feines Gespür dafür, ob ein Text »funktioniert« oder nicht, ob eine Geschichte stimmig und unterhaltsam ist.

Information und Begleitung

> »*Das Gedicht ist uns selbst auf der Spur, es zeigt uns Wege, die wir verlassen haben, die wir vergessen haben, die wir finden oder wiederfinden müssen, wenn wir auf dem Weg zu uns selbst sind. Darum sind Gedichte unverzichtbar, darum gehören sie zu unserem Existenzminimum.*«
> (Elisabeth Borchers)

Das informative Element von Literatur spielt vor allem in der *instruktiven Bibliotherapie,* die auch als *instruktionale* beziehungsweise *informative Bibliotherapie* bezeichnet wird (siehe Seite 15 f.), eine bedeutende Rolle. In den meisten Selbsthilfeprogrammen und -manualen geht es sowohl um praktische Hilfestellung als auch um Ideale und Vorstellungen sowie Selbstkonzepte und Selbstmanagement. Es geht um Informationen über Krankheitsbilder und Behandlungsmöglichkeiten, Problemdarstellungen und das Aufzeigen von Lösungsstrategien.

Der informierende Charakter von Büchern beschränkt sich aber nicht nur auf Sachbücher und Selbsthilferatgeber, sondern die meisten Bücher informieren auf die eine oder andere Weise, indem sie Erfahrungen und das daraus resultierende Wissen von Generation zu Generation und zwischen den Kulturen weitergeben. Geschichten und Bücher können Zeit und Raum überwinden und kulturelle Grenzen überschreiten. Durch das Aufnehmen und Reflektieren von Gedanken und Erlebnissen vergangener Generationen sowie von Menschen aus anderen Kulturen erhält der Leser die Chance, fremde Erfahrungen nachzuvollziehen und für das eigene Leben zu nutzen.

Wie man aus Lebenserfahrungen Informationen destillieren kann, kann man aus Situationen, die in Büchern beschrieben werden, Erfahrungen erwerben, seien es Romane, Erzählungen, Gedichte oder Sachbücher. Information und Wissen wird in Büchern gesammelt, ist auf gedruckte Weise für viele Menschen verfügbar und lässt sich bei Bedarf nachlesen. Dadurch eröffnen sich neue Möglichkeiten und Chancen, die vor der Ära des Buchdrucks nicht bestanden, zumal Wissen in früheren Zeiten vorwiegend den Reichen und Mächtigen vorbehalten war.

Neben der Information haben Bücher oftmals die Funktion eines Begleiters. Bücher, die uns überrascht, beeindruckt oder auf andere Weise bewegt haben, haben oft einen prägenden Einfluss auf uns, so dass Texte und Bilder uns mitunter ein Leben lang begleiten. Manchmal erinnern wir uns in ganz unerwarteten Momenten an Bücher und Bilder, verbunden mit Assoziationen, wann und wo wir ein Buch gelesen oder vorgelesen bekommen haben. Zuweilen wissen wir sogar noch, wie der Einband aussah oder von wem wir das Buch erhalten haben.

Aber nicht nur das Buch kann eine Begleitfunktion ausüben, sondern schon das Lesen selbst. Haben wir in unserem Leben beispielsweise die Erfahrung gemacht, dass Lesen uns tröstet und in eine andere Welt entführt, uns eine Auszeit verschafft oder sonst eine positive Wirkung hat, werden wir in schwierigen Situationen wieder zum Buch greifen, um genau diese Wirkung zu erzielen.

Duda bekennt: »Denn Bücher waren schon immer meine ständigen und treuen Begleiter, in guten wie in schlechten Zeiten […] Gerade dann, wenn das Leben nicht einfach war oder gar fast ausweglos erschien, konnte ich mich auf diese Begleiter verlassen« (2008, S. 9). Die Psychologin Nandini Banerjea bekennt: »Das Lesen hat mich durch alle Lebensphasen begleitet. In mir sind tausende Erinnerungen an Bücher, Romangestalten, Gedichte, Lesesituationen, Lesegefühle.«

Das Buch als Freund. Wer hätte nicht schon erlebt, dass er sich in einer fremden Stadt in einem anonymen Hotelzimmer einsam fühlt und kaum dass er ein Buch herausgeholt hat und mit ihm Autor, Protagonisten und eine eigene Welt, sich die Einsamkeit schon nicht mehr ganz so einsam anfühlt. Bereits das auf dem Nachttisch liegende Buch kann einem fremden Zimmer die Fremdheit nehmen.

Auch bei Kindern kann man beobachten, dass sie, neben Stofftieren und Schmusewindeln, Bücher mit sich führen. Als könnten Bücher sie in einer mitunter fremden und schwer verständlichen Welt beschützen. Als könnte man, sofern erforderlich, ins Buch flüchten und wäre dann für die reale Welt nicht mehr greifbar. In diesem Sinn sind Bücher ganz reale Begleiter: Man hat etwas in der Hand, an dem man sich festhalten kann, etwas, das einem vertraut ist.

Kreativität und Phantasie

»Lesen heißt durch fremde Hand träumen.«
(Fernando Pessoa)

Bücher benötigen unseren Willen, unsere Phantasie und unser Denkvermögen, um zum Leben erweckt zu werden. Wie im Vorwort erwähnt (Seite 8), ist Lehnert (2000) überzeugt, dass Persönlichkeitsentfaltung und Lektüre sich gegenseitig bedingen, und träumt davon, dass die Schöpferkraft des Lesers die Schöpferkraft des Autors erkennen möge und diese Fusion den Geist so anregt, dass er alle seine Fähigkeiten entfaltet. Heidenreich (2014) folgt dieser Idee und lässt sich von der durchs Lesen beflügelten Phantasie aus der Gegenwart tragen.

Es versteht sich, dass es bei jedem Menschen andere Bücher sind, die dazu beitragen, dass er sich entwickelt und entfaltet, dass er sich findet und sowohl Bekanntes als auch Unvertrautes entdeckt, die ihm auf seinem Weg hilfreich scheinen. Dabei stellt sich nicht so sehr die Frage nach einem guten oder schlechten Buch, nach unterhaltender oder ernsthafter Literatur, sondern einzig danach, ob ein Buch einem persönlich etwas zu sagen hat, etwas zu geben vermag.

Immer, wenn wir ein Buch lesen, erschaffen wir eine eigene Welt in unserem Kopf, es entstehen innere Bilder, die bei Bedarf abgerufen werden können. Dies ist ein ungeheuer schöpferischer

Akt: Der Autor liefert die Buchstaben, wir kreieren die Bilder. Dass diese Schöpfung unsere persönliche ist, erkennen wir insbesondere dann, wenn wir ein verfilmtes Buch sehen und merken, dass uns auf der Leinwand eine andere Welt begegnet als die, die wir uns beim Lesen vorgestellt haben.

Wittrock bezeichnet das Lesen als einen schöpferischen Prozess, »der das disziplinierte Bemühen des Lesers zum Ausdruck bringt, mit den Mitteln der Sprache eine oder mehrere Bedeutungen zu konstruieren« (1981, zitiert nach Manguel, 2012, S. 67). Er erklärt: »Um einen Text zu verstehen, lesen wir ihn nicht im einfachen Wortsinn, vielmehr konstruieren wir für ihn eine Bedeutung« (S. 68). Diese Bedeutung erschaffen wir, indem wir Beziehungen zwischen unserem Wissen und unseren Erfahrungen und dem Text herstellen.

Zunächst besteht ein Text aus nichts als Worten. Inhalt und Bedeutung hingegen erwachsen nicht aus dem Text selbst, sondern aus dem Leser, der den Text interpretiert und mit Assoziationen auflädt. Worte sind Zeichen, auf die wir uns geeinigt haben. Welche Bedeutung sie erhalten, hängt maßgeblich von unseren Erfahrungen ab. Worte, die über das rein Zeichenhafte hinausgehen, werden in der inneren Welt des Lesers erschaffen, in unserer Welt.

Das Gesagte gilt natürlich umso mehr, je mehr Freiheiten ein Text dem Leser lässt, je mehr Spielraum er der Phantasie bietet. Gerade Texte, in denen wir »zwischen den Zeilen« lesen müssen, oder Texte, die uneindeutig sind, fordern eine hohe kreative Eigenleistung. Der Gegenpol wären Texte, die stark klischeehaft und holzschnittartig arbeiten und dadurch wenig offen lassen, so dass unsere Phantasie nur mäßig angeregt wird.

Lesen ist also kein passives Konsumieren von Büchern, sondern ein kreativer und schöpferischer Akt, der eine persönliche Erfahrung ermöglicht, die weit über das gedruckte Wort hinausgeht und zum Leben ermutigt und herausfordert. Lesend begeben wir uns in Räume, die sich uns vielleicht nur durchs Lesen eröffnen. Im Geist können wir reisen und Länder entdecken, die wir anders vielleicht nicht bereist hätten, wir können Identitäten annehmen, die im realen Leben vielleicht außerhalb unserer Möglichkeiten liegen.

Bücher können die Neugier aufs Leben wecken und besitzen die bereits erwähnte Macht, uns in andere Welten zu versetzen. Lesend werden wir mit fremden Schicksalen konfrontiert und begegnen gerade dadurch uns selbst (Kittler und Munzel, 1992). In den meisten Büchern, die wir lesen, findet sich etwas, das wir noch nicht kennen oder wissen und das uns vielleicht so sehr zu interessieren beginnt, dass wir uns in unserem eigenen Leben ebenfalls auf die Suche begeben.

Manguel beschreibt in »Eine Geschichte des Lesens«, dass er beim Lesen das luxuriöse Gefühl genossen habe, »von den Worten entführt zu werden in eine ferne Welt« (2012, S. 161), und das mit einer fast physischen Intensität, die ihn dem fernen Ort entgegenschweben ließ, der ihn am Ende einer Geschichte erwartete: »auf der geheimnisvollen letzten Seite« (S. 161). Der Autor und Kunsttherapeut Titus David Hamdorf berichtet in seiner Lesebiografie etwas ganz Ähnliches. Er, der selbst eher ein ängstliches Kind war, ließ sich von Reise- und Abenteuergeschichten in eine Welt entführen, in der er kein ängstliches Kind mehr war.

Lesen ist also ein Zustand kreativer Inspiration, in dem man Ideen entwickelt und neue Fähigkeiten entdeckt, mitunter sogar Lust bekommt, selbst zu schreiben oder auf andere Art kreativ zu werden. Der Spannungsbogen zwischen Wirklichem und Möglichem, der uns in der Welt der Literatur begegnet, ist ein wesentliches Kennzeichen des menschlichen Geistes und des Schöpferischen. Der Psychologe Arnt-Enno Worm beschreibt Lesen als einen Zustand, »in dem man ein optimistisches Drängen sowie eine große Kraft verspürt«. Gute Kunst und gute Bücher, so der

Psychologe, könnten neben dem Staunen über das Werk an sich die Lust wecken, selbst tätig zu werden.

Der Journalist und Hochschulprofessor Lars Rademacher erzählt, wie er als zwölfjähriger Junge krankheitsbedingt für längere Zeit das Bett hüten musste und beim Lesen, das er zuvor eher als langweilig empfunden hatte, plötzlich sowohl vom Reichtum der Geschichten gefesselt war als auch davon, welchen inneren Reichtum die Geschichten in ihm erzeugten.

Sogar Bücher, die man immer wieder liest, können einen regelmäßig aufs Neue verzaubern. Sie können das eigene Wachsen und Werden verdeutlichen, da man dieselben Bücher in unterschiedlichen Lebensphasen mit unterschiedlichem Blick liest und versteht. So gesehen ist das schöpferische Potenzial von Büchern unendlich: Jeder Leser liest jedes Buch anders als sein Nachbar. Und jeder Leser liest ein und dasselbe Buch zu jedem Zeitpunkt neu. Immer ist die Leserphantasie der ausschlaggebende Faktor dafür, was er beim Lesen imaginiert, versteht und entdeckt.

Gerade in einer leistungsorientierten Gesellschaft, in der Funktionalität eine große Rolle spielt und sogar die Freizeit meist sehr durchstrukturiert ist, eröffnet das Lesen die Möglichkeit, sich in einen spielerischen, phantasievollen Raum zu begeben und eine möglicherweise kindliche Unbeschwertheit wieder- beziehungsweise neu zu entdecken (Kittler und Munzel, 1992).

Lukas (1988) kommt zu dem Schluss, dass Bücher unsere Phantasie und Kreativität, unsere Schöpfungskraft insbesondere dann beflügeln, wenn wir uns in Extremsituationen befinden: sowohl wenn es uns ausgesprochen gut geht als auch wenn es uns ausgesprochen schlecht geht – weil wir immer dann, wenn unsere Lebensumstände sich an den extremen Rändern bewegen, eine reduzierte Phantasie haben und sich unser Blick für die Weite trübt. In diesen Zuständen kann Literatur den Blick wieder öffnen und uns den gedanklichen Freiraum vor Augen führen, den wir in jedem Moment unseres Lebens besitzen.

Bücher führen uns immer wieder zu der Frage, was wirklich ist und wie viele Wirklichkeiten es gibt. Während für Kinder mehr Freiheitsgrade im Denken und Erschaffen von Realitäten existieren, geht uns diese Fähigkeit als Erwachsene zunehmend verloren. Wir glauben nicht mehr, dass Bären sprechen und wir uns mit Pflanzen und Steinen ebenso unterhalten können wie mit Menschen. In dieser Hinsicht sprechen Geschichten eine verlorengegangene Sprache, die wir uns mithilfe der Phantasie wieder eröffnen können.

Geschichten ermöglichen Erfahrungen und Kommunikation auf mindestens zwei Ebenen: dem vernunft- und erfahrungsorientierten Wissen und der metaphorischen, bildhaften Erkenntnis. Dies ist insbesondere für Kinder von unschätzbarem Wert, da diese beständig zwischen der empirisch erfahrbaren Welt und der Phantasiewelt wechseln. In phantastischen Geschichten wird das bildhafte und phantastische Denken bestätigt und Welten und Ideen schieben sich ineinander, so dass sich auch vermeintliche Gegensätze nicht ausschließen.

Gerk erklärt: »Wenn wir uns in das Bewusstsein einer literarischen Figur hineinziehen lassen, deren Perspektive einnehmen, mitfühlen und am Ende der Lektüre bereichert und verändert daraus hervorgehen, entspricht diese schöpferische Kraft des Lesens der ›grundlegenden Plastizität in den Verschaltungen unseres Gehirns – beide erlauben uns, über die speziellen Gegebenheiten hinauszugehen‹« (2015, S. 170).

Bücher eröffnen also nicht nur Möglichkeiten und Alternativen, sondern zugleich ein Überschreiten von Grenzen. Der Autor und Pädagoge Sven Biela erzählt in seiner Lesebiographie, wie ihn Bücher schon in der Jugend und Kindheit aus der realen in eine phantastische Welt entführt haben. Auch die Journalistin und

Hochschulprofessorin Kerstin Liesem benennt dies als eine der Wirkungen, die sie am Lesen am meisten schätzt.

Schon Sigmund Freud stellte einen Vergleich an zwischen Tagträumen und literarischem Lesen und meint, dass beim Lesen »der eigentliche Genuss des Dichtwerks aus der Befreiung von Spannungen in unserer Seele« hervorgehe und der Leseakt es uns ermögliche, »unsere eigenen Phantasien nunmehr ohne jeden Vorwurf und ohne Scham zu genießen« (1908/1976, zitiert nach Manguel, 2012, S. 408). Der Kreativtherapeut Guido Lersen schreibt in seiner Lesebiographie, dass er besonders jene Autoren liebt, die es schaffen, bei ihm mit wenigen Worten Bilder zu erzeugen, weil das bei ihm das Bedürfnis auslöst, ein Verständnis für die Akteure und deren Handlung zu entwickeln.

Möglichkeiten und Freiheiten

»Hungriger, greif nach dem Buch: Es ist eine Waffe!«
(Bertolt Brecht)

Die Freiheit des Romanautors, die sich auf uns als Leser überträgt, erlaubt es, Gedanken und Gefühle ebenso darzustellen wie Situationen und Aktionen. Sie erlaubt es, von außen nach innen und wieder zurück zu wechseln sowie durch Zeit und Raum zu wandern. Enzensberger beschreibt es als die Freiheit, »hin- und herzublättern, ganze Passagen zu überspringen, Sätze gegen den Strich zu lesen, sie misszuverstehen, sie umzumodeln, sie fortzuspinnen und auszuschmücken mit allen möglichen Assoziationen, Schlüsse aus dem Text zu ziehen, von denen der Text nichts weiß, sich über ihn zu freuen, ihn zu vergessen, ihn zu plagiieren und das Buch, worin er steht, zu einem beliebigen Zeitpunkt in die Ecke zu werfen« (1988, S. 33 f.).

Domin schreibt: »Das Gedicht lebt in der zuckenden Gegensätzlichkeit seiner Widersprüche. Das Gedicht ist, wie der Mensch selbst, eine ›wandelnde‹ Vereinigung seiner Möglichkeiten. Entweder/oder: diese Alternative gibt es nicht. Das Gedicht ist immer dazwischen« (1999, S. 69). In Büchern müssen wir uns also nicht für ein Entweder-oder entscheiden, sondern können ein Sowohl-als-Auch leben, können mal den einen und dann den anderen Weg beschreiten, können ausprobieren und verwerfen, parallele Leben führen sowie Entscheidungen treffen und wieder rückgängig machen. Das alles können wir in der Literatur einfacher und leichter als im realen Leben.

In der Literatur können wir gängige Zuschreibungen und Kategorien auflösen und Dinge in der Schwebe halten. Das Normale kann verrückt werden, das Verrückte normal. Bücher können uns dafür sensibilisieren, dass es jenseits von Alltag, Pflicht und banalen Tätigkeiten sowie trivialer Kommunikation noch eine andere faszinierende und freie Welt gibt, eine Welt des Geistes und der Kunst (Arnt-Enno Worm, Psychologe).

Es war schon die Rede davon, dass Literatur uns unserer Gefühlswelt näher bringen kann, zugleich lässt sie uns die Freiheit, uns wieder davon zu distanzieren. Wir können uns mit dem Gelesenen ernsthaft oder spielerisch auseinandersetzen, können an der Oberfläche bleiben oder in die Tiefe dringen. Die Schweizer Psychiaterin Claudia Kamber berichtet in ihrer Lesebiographie über die Freiheit, die sie sich bei ihren frühen Leseerfahrungen genommen hat und die darin bestand, »mit Schlittenhunden das Packeis zu durchqueren, mit der Machete den Weg im Dschungel freizuschlagen und mit feuchten Händen und Herzklopfen zusammen mit der *roten Zora* durchs Unterholz zu ziehen. Stets darauf hoffend, dass die Batterien der Taschenlampe beim nächtlichen Lesen unter der Bettdecke mitmachen.«

Die Freiheit des Geistes beim Lesen ermöglicht es uns, Geschehnisse so zu modifizieren, wie wir sie uns wünschen. Beim Lesen besitzen wir die Freiheit, unsere eigenen Geschichten in die Lektüre »hineinzulesen« und uns auf diese Weise eigene Geschichten zu erzählen. Der Protagonist in »Die Mitte der Welt« von Steinhöfel drückt es folgendermaßen aus: »Diesen schäbigen Sessel erhob ich zu meinem Thron, auf ihm wurde ich zum Erschaffer von Welten, zum König im Auge eines Sturms von Geschichten, die bei der Lektüre der Bücher um mich herum zu wirbelndem Leben erwachten« (2004, S. 132).

Denken und Handeln

»Die Buchdruckerkunst ist die Artillerie des Denkens.«
(Antoine Comte de Rivarol)

Lesen bedeutet Macht, denn Lesen führt zu Wissen und Wissen ist Macht. Schon in Augustinus' Zeiten galt das Lesen als eine Form des Denkens. In »Das Geheimnis« sitzen Pertrarca und Augustinus im Garten und unterhalten sich. Augustinus sagt: »Wenn du beim Lesen auf wertvolle Gedanken stößt, durch die du dich angeregt oder beruhigt fühlst [...] präge diese Gedanken tief deinem Gedächtnis ein und mache sie dir durch langes Nachdenken vertraut« (Petrarca, 1968, zitiert nach Manguel, 2012, S. 101).

Nicht umsonst kam es in unterschiedlichen Jahrhunderten und Kulturen zu Bücherverbrennungen. Die Machthaber hatten Angst, dass die Lektüre bestimmter Bücher das kritische Denken so weit anregen könnte, dass es zum Aufbegehren gegen die herrschende Klasse führen würde. Indem Bücher Handlungsoptionen eröffnen, vermögen sie, aus Unmündigkeit zu befreien, und beunruhigen deswegen alle jene, die sich im Besitz von Wahrheit und Macht wähnen. In den Südstaaten Amerikas wurden Sklaven mitunter sogar erhängt, wenn sie versuchten, anderen das Lesen und Schreiben beizubringen.

In Bradburys 1953 zum ersten Mal erschienenen Science-Fiction-Roman »Fahrenheit 451« werden Bürger, die Bücher besitzen, als

Staatsfeind Nummer eins betrachtet: »Also, ein Buch im Haus nebenan ist wie ein geladenes Gewehr. Vernichte es. Entlade die Waffe. Brich den menschlichen Geist« (1953/2010, S. 72). Heidenreich meint: »Wer liest, denkt nach, wer nachdenkt, bildet sich eine Meinung, wer eine Meinung hat, weicht ab, wer abweicht, ist ein Gegner« (2014, S. 13). Das erkläre, so Heidenreich, warum lesende Bürger von Machthabern in Einheitsstaaten gefürchtet würden.

Gefürchtet wurde insbesondere die Einführung des stillen Lesens, weil sich dadurch der Inhalt des Gelesenen den kontrollierenden Ohren der Gesellschaft entzog und eine Art heimliche, intime Beziehung zwischen Buch und Leser entstand. Der Leser machte das Gelesene zu seinem alleinigen Besitz, ebenso wie seine daraus resultierenden Gedanken und Handlungsabsichten.

Die Journalistin und Hochschulprofessorin Kerstin Liesem schreibt in ihrer Lesebiographie: »Voraussetzungen der literarischen Konstruktion einer neuen Ebene von Realität ist konsequenterweise die Ausweitung beziehungsweise Modifikation von Normen, von gewohnten Wahrnehmungs- und Erfahrungszusammenhängen der empirischen Realität.« Lesen eröffnet demnach die Möglichkeit, aus eingefahrenen Gleisen zu springen und sich gleichsam in einen Zustand der Unwissenheit zu begeben, um sich aus diesem heraus neugierig auf andere Denkweisen und Weltsichten einzulassen.

Für Domin ist Lesen »eine Art Zauberkunst, ein Akt der Befreiung durch Sprache. Die Worte meinen ja Dinge. Die Dinge werden verändert oder anders geordnet je nach der Wortkombination. Sie ordnen sich neu« (1999, S. 36). Und Manguel befindet, dass das Lesen im Idealfall aus gefügigen Bürgern denkende Wesen macht, »die sich gegen Unrecht, Elend und den Missbrauch der Herrschaft auflehnen« (2012, S. 13). Auch Muschg (1981) meint, dass Bücher das Bewusstsein und die Welt verändern können.

Manguel sieht die Lesenden als eine große Familie, die nicht nur die Zeichen der Bücher, sondern auch die Zeichen der Welt entziffere, wie etwa Sterne, Naturfährten, Gebäude und alles, was Signale aussendet (2012, S. 28). Eben diese Fähigkeit, Zeichen zu erkennen und mit Bedeutung aufzuladen, lässt uns auf der Seite derer stehen, die aktiv werden und Einfluss nehmen, indem sie interpretieren und Ideen entwickeln.

Der Autor und Pädagoge Sven Biela gesteht, wie ihm »Das Drama des begabten Kindes« (1979) von Miller die Augen für seine Kindheit und Jugend geöffnet habe. Auch die Autorin und Therapeutin Christine Leutkart gibt in ihrer Lesebiographie an, dass ihr das Buch »Am Anfang war Erziehung« (1980) von Miller, »die Augen für ihr eigenes Kindheitsdrama geöffnet habe« und »Unter dem Tagmond« (1987) von Hulme sie zwar beunruhigt, ihr zugleich aber zu einem weiteren Bewusstsein für die innere Dimension von menschlichem Leid und den Zusammenhang von Kultur und sozialem Drama verholfen habe.

Der Krimiautor Michael Kibler fühlte sich ebenfalls von Millers Werken angezogen. In seiner Lesebiographie erzählt er, dass diese Bücher ihm klargemacht hätten, wie sehr das Verhalten von Erwachsenen durch Erlebnisse der Kindheit geprägt werde. Weiterhin beschreibt er die Lektüre eines Buches, dessen Titel und Autor er zwar nicht mehr erinnert, aber in dem ein Protagonist zahlreiche Familienmitglieder im »Dritten Reich« verloren habe. Dieses Buch habe ihn zu der Frage gebracht, welche Mechanismen das »Dritte Reich« überhaupt möglich gemacht hätten. Durch die Lektüre sei ihm klar geworden, »dass ein böser Hitler alleine nicht lange«.

Der Apotheker Guido Besand berichtet, wie ihm »Schnelles Denken, langsames Denken« (2012) von Kahnemann Einblicke in die Struktur und Mechanismen seines eigenen Denkens gegeben habe und ihm Sprengers »Die Entscheidung liegt bei dir« (1997) Möglichkeiten aufgezeigt habe, sein eigenes Fühlen und Denken zu beeinflussen.

Bücher können uns also dazu bringen, Fragen zu stellen und Antworten zu suchen und auszuhalten, dass es manchmal keine Antworten gibt. Bücher sind Nahrung. Wie bei physischer Nahrung ziehen wir aus Büchern die Bestandteile, die unser Geist zur jeweiligen Zeit benötigt, um arbeiten und denken zu können. Ohne geistige Nahrung verhungern wir ebenso wie ohne physische Nahrung. Der Arzt und Autor Dietrich Weller bekennt in seiner Lesebiographie: »Lesen ist für mich so wichtig wie Essbares […] Wenn ich eine Zeitlang nicht zum Lesen komme, spüre ich Entzugserscheinungen. Ich will das Gefühl haben, zur Ruhe zu kommen, mich auf Interessantes, Spannendes, Aufbauendes konzentrieren zu können. Ich sehne mich nach guter Sprache, die mich ins Gleichgewicht bringt und meiner Seele Nahrung schenkt.«

Der Psychologe Arnt-Enno Worm meint, dass Bücher unsere westliche Welt geprägt haben. Eindrucksvoll erklärt er, »wie unsere ganze Kultur und Bildung, unser Sozialstaat und die menschliche Freiheit in unserer Kultur auf einem Buch mit revolutionären Ideen von der Gleichheit aller Menschen unabhängig von ihrem Besitz oder ihrer Macht, auf Ideen von Liebe, Schutz der Schwachen und Entwicklung der menschlichen Potenziale basieren und dass wir in einer Buchkultur leben, die auf den lebendig machenden Ideen eines Buches basiert.«

Welt- und Lebensentwürfe

»In einem guten Buche stehen mehr Wahrheiten,
als sein Verfasser hineinzuschreiben meinte.«
(Marie von Ebner-Eschenbach, 1880/1986, S. 88)

Bücher enthalten das Gedächtnis der Menschheit. In ihnen werden Erfahrungen weitergegeben. Was in oralen Kulturen die Erzählungen waren und noch immer sind, sind in Schriftkulturen die Bücher, da mündliche Erzählungen immer seltener werden. Ein Roman kann als fortschreitende Auseinandersetzung mit der Wirklichkeit und den Erfahrungen von Menschen, Kulturen und Epochen verstanden werden, zumal ein Romancier immer auch ein Mensch ist, der neue Schichten und Aspekte der Wirklichkeit herausarbeitet und dem Leser präsentiert.

In »Heilkraft des Lesens« meint Raab: Die Bücher »sind wie ein Brennspiegel, in dem sich Lebensklugheit und Weisheitslehren der Menschheit bündeln« (1988, S. 7 f.). Und Muth schreibt im selben Buch: »Lesend überschreitet man die Welt, in die man hineingeboren ist. Man kann sich in fremde Räume und Wertesysteme einfinden, ohne sich von der Stelle zu rühren« (S. 30). Lesend sammeln wir Erfahrungen, die für unser Leben wichtig sein können, und, wie die Psychologin Nandini Banerjea erkennt, es können sich im Lesen auch die eigenen Lebenserfahrungen widerspiegeln.

Wittgenstein sagte, »die Welt ist alles, was der Fall ist« (1922). Weil wir als Menschen immer nur einen begrenzten Ausschnitt der Welt wahrnehmen können, kann uns das Lesen dazu verhelfen, andere Weltausschnitte zu sehen, indem wir gewissermaßen durch die Augen des Autors auf die Welt blicken. Der Protagonist in Bradburys »Fahrenheit 451« erklärt: Die Bücher »zeigen das Gesicht des Lebens mit all seinen Poren« (1953/2010, S. 98).

Sophie Freud (2004) berichtet in ihrem Artikel »Die Lesekur: Bücher als Lebensgefährten«, dass sie ebenso um der Gesellschaft willen liest als auch um sich zu erfreuen, Trost zu finden, sich abzulenken, sich zu informieren, sich zu verstehen und etwas zu lernen. Auch ihr Einfühlungsvermögen und ihre Empathiefähigkeit verbessere sich durchs Lesen, so Freud, vor allem dann, wenn es um Welten und Menschen gehe, die ihr fremd seien. Sie erzählt, dass ein Freund ihr eines Tages die Nachricht geschickt habe, dass er sich durch Austens Werke am Leben erhalten habe, nachdem sein Sohn Suizid begangen hatte.

Hillmann vertritt die Idee, dass Geschichten, die wir in jungen Jahren vorgelesen bekommen oder selbst gelesen haben, einen entscheidenden Einfluss auf unsere Weltsicht sowie unser Leben haben. Für ihn sind diese ersten Leseerlebnisse so zentral, dass sie etwas werden, »in dem man lebt und das man durchlebt, ein Weg, auf dem die Seele zu sich selbst findet« (1974, zitiert nach Manguel, 2012, S. 32). De Bruyn ist der Meinung, dass man durch Lesen mehr vom Leben erfahre, als man selbst jemals erleben könne, weil das Lesen einem immer Einblicke in das Leben anderer gebe. Fuller sieht in Büchern »ein Medium zur Betrachtung alles Menschlichen, einen Kern, um den sich alles Wissen, alle Erfahrung, alles Forschen, alle Ideale und alles Praktische unserer Natur vereinen könne« (zitiert nach Manguel, 2012, S. 237).

Schon die Erfinder der ersten Schrifttafeln wussten um die Vorteile des Schreibens. Durch das Aufschreiben, damals auf Tonscherben, können unendlich viele Informationen gespeichert werden, während das menschliche Gedächtnis begrenzt ist. Zudem muss, sofern die Informationen aufgeschrieben werden, der Träger des Gedächtnisses nicht anwesend sein. Durch Bücher können wir Zeit und Raum überbrücken und sind unabhängig vom Mensch als Informationsträger.

Aber nicht nur Lebens- und Weltentwürfe anderer Menschen begegnen uns in Büchern, sondern ebenso ihre Empfindungswelten, die es uns ermöglichen, unsere eigenen Empfindungen auszuloten. Lesen gestattet es uns, dass wir uns in andere Menschen, Zeiten und Verhältnisse hineinversetzen. Dadurch lernen wir etwas kennen, das mit uns zwar zu tun hat, zugleich aber über uns hinausweist. Der Autor und Philosoph Lutz von Werder erklärt in seiner Lesebiographie, wie er durch die Lektüre von »Das Kapital« von Marx verstanden habe, »warum das Existieren heute so viel schwieriger sei als zu Zeiten Søren Kierkegaards«.

Bücher können im besten Fall sogar friedensstiftend sein, weil sie es uns ermöglichen, andersartige Menschen und Kulturen zu verstehen und in Krisensituationen flexibler zu reagieren. Muth meint: »Die friedensstiftende Funktion der Lesekultur in einer Epoche, die keine Ausgrenzung mehr zuläßt, ihre *sozial*therapeutische Wirkung ist heute noch kaum gesehen und gewürdigt worden« (1988, S. 39).

Berthoud und Elderkin (2014) empfehlen, dass wir uns der bereichernden Erfahrungen des Lesens nicht berauben, sondern im Gegenteil von denen lernen, die bestimmte Wege vor uns schon beschritten haben. Bücher haben also nicht nur die Macht, uns in eine andere Welt zu entführen, sondern bieten uns zugleich die Möglichkeit, die Welt aus einem anderen Blickwinkel zu betrachten. So gesehen schlägt Literatur Brücken zwischen Menschen und eröffnet neue Perspektiven, ohne dabei simple Gebrauchsanweisungen zu geben (Moritz, 2012).

Für die Journalistin Marlene Broeckers bedeutet Lesen, »in andere Menschen, Zeiten und Lebensverhältnisse hineinversetzt zu werden«. Etwas Neues kennenzulernen und eine Erweiterung seines Denkens zu erfahren und damit einen Zugewinn an Handlungsoptionen zu erhalten, ist wohl das Beste, was einem durch Lesen widerfahren kann. Broeckers präzisiert: Die Bücher »helfen mir, mich selbst und die Welt besser zu verstehen, und zeigen mir etwas, was ich nicht kannte oder wusste und das mich dann zu interessieren beginnt«.

Der Kreativtherapeut Guido Lersen beschreibt eine ganz ähnliche Erfahrung, wenn er in seiner Lesebiographie zum Ausdruck bringt, dass »jedes gelesene Buch seine Sicht- und Denkweisen verändert hat«. Der Journalist und Hochschulprofessor Lars Rademacher gesteht in seiner Lesebiographie, dass er eine Zeitlang die Philosophie vertrat, sich »so viel wie möglich von der Welt anzueignen, rauschhaft«, und das, obwohl er eher ein langsamer Leser war und das »nächtelange Lesen nicht zu seinen besten Fähigkeiten« zähle. Auch Carlo Michael Sommer, Professor und Kommunikationspsychologe, bekennt, dass Lesen einen entscheidenden Einfluss auf seine Weltsicht hatte und er sich eigentlich permanent in einer Phase befinde, in der das Lesen zu kurz komme.

Rückzug und Erholung

»Ein Raum ohne Bücher ist ein Körper ohne Seele.«
(Marcus Tullis Cicero)

Lesen verlangt nach einer eigenen Zeit und einem eigenen Raum, sowohl im Außen als auch im Inneren. Im Außen sucht macht sich als Leser einen Platz, der sich für die Lektüre eignet: Sofa, Bett, Garten oder wo immer man sich wohlfühlt – wobei es durchaus Leser gibt, die immer und überall lesen (können) und jede freie Minute nutzen, um die Lektüre fortzusetzen. Neben diesem äußeren gibt es den inneren Raum, den wir zum Lesen bereitstellen und in dem unsere Sorgen und Probleme für einen Moment in den Hintergrund treten, damit Raum für Geschichten und Figuren entsteht; wir lassen die Helden der Literatur in uns hinein und lassen uns auf sie ein. Lesend erschaffen wir einen Raum, in dem wir allein sind, aber nicht einsam, weil uns die Protagonisten der gelesenen Geschichten umgeben.

Wenn wir es schaffen, uns voll und ganz auf die Lektüre eines Buches einzulassen, kann uns das aus dem Netz eigener Gedanken, Sorgen und Grübeleien befreien. Wir vergessen unsere Probleme und die Welt um uns herum und erfahren zumindest für die Zeit der Lektüre eine gewisse Entspannung und Erholung. Man könnte auch von einer heilsamen Selbstvergessenheit sprechen, die an Kinder im Spiel erinnert und von Csíkszentmihályi (1985) als Flow-Erleben beschrieben wird.

Denn ebenso wie andere Tätigkeiten, die unsere ganze Aufmerksamkeit in Anspruch nehmen, kann auch das Lesen zum Flow führen. Für den Autor und Philosophen Lutz von Werder bedeutet Lesen genau das: im Flow zu sein. Er erzählt, dass beim Lesen »alles versinke« und man »gerettet sei«.

Neben der Zeit, die wir uns zum Lesen nehmen, gibt es noch die Zeit im Buch, die eine Zeit für sich ist. In Romanen ist die Zeit meist verdichtet und wir erfahren etwas über das Leben der Figuren, ohne jeden einzelnen Tag in Realzeit durchlaufen zu müssen. Zeit und Ereignisse werden gestrafft und auch der Wechsel von Räumen folgt im Roman eigenen (Zeit-)Gesetzen.

Lesen erlaubt es uns, uns zurückzuziehen. In den meisten Gesellschaften ist Lesen ein legitimer Grund, sich eine Weile zu absentieren und nicht gestört zu werden. Lesen liefert also einen guten Vorwand für das Alleinsein, sofern wir uns zurückziehen wollen. Heidenreich bekennt: »Lesen ist eine der großen Freuden des Alleinseins, allein mit der eigenen Phantasie und der des Autors« (2014, S. 17). Bollmann stimmt ihr zu: »Lesen ist ein Akt der freundlichen Isolation. Lesend machen wir uns auf taktvolle Weise unnahbar. Das hat etwas Zartes, das den anderen zwar außen vorlässt, ohne ihn jedoch abzuwehren oder auf verletzende Weise auszuschließen« (2014, S. 134). Und auch Gerk (2015) beschreibt, dass Lesen bedeutet, für sich sein zu dürfen.

Galt das Lesen in früheren Jahren mitunter noch als Realitätsflucht und lasterhaft, weil es vom Arbeiten abhielt, hat sich sein Ruf immerhin so weit verbessert, dass man nun umgekehrt klagt, dass die Menschen zu wenig lesen, insbesondere Kinder und Jugendliche, was dazu geführt hat, dass Leseförderungen eingerichtet und Lesepatenschaften ins Leben gerufen wurden. Lesen ist also nicht länger ein lasterhafter, sondern vielmehr ein wünschenswerter Zustand, der uns Rückzug und Erholung bietet.

Erholung und Rückzug bieten auch Bibliotheken und Buchhandlungen. Die Atmosphäre an solchen Orten ist meist ganz besonders: eine Atmosphäre der Versenkung, des gemeinsamen Seins und Lesens. Befindet man sich in einem Raum, in dem alte Bücher aufbewahrt werden, kommt meist noch ein besonderer Geruch hinzu und das Blättern der Seiten hat etwas Sinnliches und kann einem besondere Lust und Befriedigung verschaffen.

Das Eintauchen in fremde Räume, Zeiten und Welten kann erholsam sein, indem es uns eine Auszeit von unserer eigenen, mitunter anstrengenden Realität gewährt. Die Psychologin und Kunsttherapeutin Ina Tilmann wäre beinahe in Hogwarts gewesen oder war es: »Den letzten ›Harry Potter‹ las ich in drei Nächten […] im Herbst […] es gewitterte ordentlich und ich versank in der Geschichte und irgendwie passte es atmosphärisch so gut zusammen, dass ich das Gefühl hatte, selbst mitten im Zauberergefecht in Hogwarts zu sein […] irre […] bei jedem Blitz zuckte ich zusammen und schaute aus dem Fenster und es hätte mich nicht gewundert, wenn ich dort Hogwarts entdeckt hätte.«

Winterson schreibt: »Ein Buch ist eine Tür. Man öffnet sie. Man tritt hindurch« (2013, S. 50). Sie vergleicht das Buch mit einem fliegenden Teppich und bestätigt die Idee, dass Bücher ideale Fluchtwege bieten – auch oder gerade im Alltag. Ein weiterer Vorteil ist, dass man Bücher unauffällig mit sich führen und überall lesen kann.

Aber nicht nur in fiktive Welten lässt sich vermittels Büchern gut eintauchen, sondern ebenso in reale Welten, wie sie uns beispielsweise in (Auto-)Biographien begegnen oder auch in der Reiseliteratur. Denn wer hätte nicht schon in seiner Phantasie eine Reise vorweggenommen, indem er sich durch die Lektüre eines Reiseführers vorab nicht nur informiert, sondern gleichsam bereits an den Zielort versetzt hätte? Wir riechen die beschriebenen Speisen, sehen die Felsformationen, die uns erwarten, und hören Wasserfälle rauschen, deren Besuch uns empfohlen wird.

Menschen, die aus verschiedenen Gründen nicht reisen können, berichten, wie sie durch die Lektüre bestimmter Bücher das Gefühl hatten, die beschriebenen Länder selbst besucht zu haben. Der Arzt und Autor Dietrich Weller berichtet, wie er neunjährig krank und ans Bett gefesselt war und die Mutter ihn mit Reiseberichten aus der Bibliothek versorgte und er »in die Länder eintauchte, in die Erlebnisse, von denen ich wusste, dass sie real geschehen waren«.

Dafür, dass auch Sachbücher einen erholsamen Effekt haben können, spricht die Aussage des Journalisten und Professors Torsten Schäfer, der erzählt, dass »Wunder der Achtsamkeit« (1988) von Thich Nhat Hanh ihm Ruhepunkte in stressigen Zeiten verschafft habe, sowohl während des Studiums als auch später im Beruf. Genau darin sieht er die heilsame Wirkung des Lesens: Weil Bücher direkt die Gefühle des Lesers erreichen würden, könne Lesen zu »Ruhe und Wohlsein« führen.

Natürlich kann das Abtauchen in fiktive Welten auch Gefahren bergen. Denken wir zum Beispiel an das Schicksal von Emma Bovary in Flauberts gleichnamigem Roman (1857). Emma ist von den Liebesgeschichten in den Büchern, die sie liest, so berückt, dass sie annimmt, in ihrem Leben müsse es vergleichbare Romanzen geben. Als sie diese im realen Leben einzugehen versucht, endet das im Desaster (siehe Seite 119). Es geht aber nicht darum, ob das Abtauchen in fiktive Welten und Romanzen gut ist oder nicht, sondern vielmehr darum, sich die Fähigkeit zu erhalten, zwischen fiktiver und realer Welt zu unterscheiden.

Dazu noch einmal Heidenreich: »Die Liebe, das gebe ich seufzend zu, ist allemal stärker als die Literatur, aber die Liebe in der Literatur ist viel schöner als die Liebe im Leben. Sie lässt uns wenigstens ab und zu die Illusionen […] Lesen ist Initiation zum Leben und Anreiz, aber es mit dem Leben selbst zu verwechseln heißt, ihm seine Heilkraft zu nehmen und aus einer Leidenschaft eine Quelle des Leidens zu machen« (2014, S. 13).

Auch die Ablenkung, die uns durch das Lesen beschert wird, kann einen erholsamen Effekt haben. Wenn wir beispielsweise unter Schmerzen leiden und von der Lektüre eines Buches so in Anspruch genommen werden, dass wir unsere Schmerzen eine Zeitlang vergessen, dann hat das eine extrem erholsame Wirkung. Oder wenn wir aus schwierigen Verhältnissen in der Realität in die Welt des Buches eintauchen, können wir unter Umständen erholt und gestärkt wieder in die Realität zurückkehren, um uns dieser erneut zu stellen (Morrison, 2008).

Dabei handelt es sich beim Lesen keineswegs um eine sinnlose oder passive Ablenkung, sondern um eine kreative und produktive Ablenkung, die uns eine gedankliche und emotionale Distanzierung vom Alltag mit seinen Problemen und Konflikten erlaubt. In der Kunsttherapie spricht man von »Dezentrierung«. Das heißt, dass man bewusst den Bereich verlässt, in dem man ein Problem hat, einen »künstlerischen Raum« aufsucht und dann mit neuen Ideen in den Problembereich zurückkehrt, in dem man im günstigsten Fall das im »künstlerischen Raum« erworbene Problemlösungsverhalten anwenden kann.

Der Schweizer Psychiaterin Claudia Kamber hat das Lesen von Kriminalromanen geholfen, sich zu erholen. Für sie ist es wie eine Gier, »der Sucht nahe, die mich möglicherweise vor andern Süchten schützte?«. Wenn Lesen vor anderen Süchten zu schützen vermag, sollte man es wirklich rezeptiert bekommen, denke ich, wer weiß, vielleicht hat es sogar die Kraft, einen durch einen Entzug zu begleiten, indem es ablenkt, beruhigt und das Verlangen nach anderen »Stoffen« abschwächt.

In jedem Fall kann Lesen auch als Belohnung verstanden werden. Claudia Kamber schreibt hierzu, dass das Lesen eines Buches für sie gut einhergeht mit dem Motto: »Jetzt komme ich, und ihr könnt mich mal.« Womit das Lesen nicht nur zur Erholung beiträgt, sondern auch im Sinne der Selbstfürsorge verstanden und zur Stärkung des Selbstbewusstseins herangezogen werden kann. Die Psychologin und Kunsttherapeutin Ina Tilmann findet Bücher hilfreich, wenn es darum geht, »einen Urlaub von sich selbst« zu nehmen.

Für die beschriebene Erholungsfunktion muss ein Buch nicht einmal neue Erkenntnisse oder Perspektiven bereithalten, sondern es muss einfach so spannend sein, dass wir in die Buchwelt eintauchen und die eigene Welt für eine Weile vergessen. Für die Krankenschwester und Beraterin Gabi Sturm ist Lesen »Erholung für den Kopf«.

Orientierung und Halt

> »Die eigentliche Universität unserer Tage
> ist eine Büchersammlung.«
> (Thomas Carlyle)

Schon Sartre (1964) schrieb, dass er die Welt durch Bücher kennengelernt und sie dort assimiliert, klassifiziert, etikettiert und durchdacht serviert bekommen habe, allerdings ohne dass dies der Welt ihren Zauber genommen hätte. In seinem Buch »Les mots« (1964; deutsch: »Die Wörter«) erzählt er vom Erwachen seiner Leseleidenschaft und wie er sich mit Büchern aus der Bibliothek seines Großvaters das Lesen selbst beigebracht hat. Das Lesen war für ihn eine frühe Leidenschaft, die vielleicht auch dazu führte, dass Sartre später im Schreiben die einzige Möglichkeit sah, seinem Leben eine Berechtigung zu verleihen: »Indem ich schrieb, existierte ich« (1964, S. 87).

Literatur macht Dinge benennbar und damit begreifbar: »Deshalb erfüllt das Gedicht […] eine Funktion für alle, denn es hilft, die Wirklichkeit, die sich unablässig entziehende, benennbar und gestaltbar zu machen« (Domin,1999). Der Psychologe Arnt-Enno Worm erklärt in seiner Lesebiographie: »Nicht zuletzt habe ich mich über die Erzählungen von Heinrich Böll intensiv mit dem Zweiten Weltkrieg auseinandergesetzt, dessen Folgen in meiner Kindheit noch spürbar waren.« Böll habe ihm vermittelt, »wie gelebte Menschlichkeit unter solchen Umständen aussehen kann«.

Auch die Autorin Christine Leutkart beschreibt, wie ihr das Lesen in beunruhigenden und unsicheren Zeiten Halt gegeben hat.

Morrison (2008), der bibliotherapeutische Gruppen untersuchte, in denen Menschen mit schweren psychischen Belastungen zusammenkamen, postuliert, dass Literatur eine Ordnung biete, die den Leser inmitten des Chaos stärke und ihm helfe, dem Gefühl des Kontrollverlustes etwas entgegenzusetzen. Der Arzt und Professor Heiner Wenk bekennt, dass »Deutschstunde« (1968) von Siegfried Lenz und »Buddenbrooks« (1901) von Thomas Mann für seine Orientierung in der Jugendzeit entscheidend waren und seine gesellschaftliche wie geographische Ausrichtung beeinflusst hätten.

Wenn wir von Orientierung sprechen, sei an dieser Stelle erwähnt, dass in einigen Kulturen die sogenannte Bibliomantik praktiziert wurde oder noch immer praktiziert wird. In der Bibliomantik schlägt man ein Buch an einer zufälligen Stelle auf und deutet blind auf eine Zeile. Aus den dort stehenden Worten wird sodann die Zukunft vorhergesagt oder eine bestimmte, zuvor gestellte Frage beantwortet. Diese Art der Wahrsagung praktizierten schon die alten Griechen, wobei sie dafür Homers Werke, meist die »Ilias«, zurate zogen. Die Römer wiederum betrieben Bibliomantik mit Werken von Vergil, während die Menschen im Mittelalter die Bibel verwendeten.

Der Brauch der Bibliomantiker, die Vergil benutzten, wurde auch *sortes vergilianae* genannt. Die Praktik wird zum Beispiel in der Lebensbeschreibung des Hadrian erwähnt: Um herauszufinden, was der regierende Kaiser von ihm hielt, konsultierte der junge Hadrian Vergils »Aeneis«. Als er nach dem Zufallsprinzip auf die Zeilen stieß, in der Aeneis den römischen König sieht, »dessen Gesetzesmacht Rom neu begründen wird«, war er zufrieden und wurde später ja auch tatsächlich vom Kaiser adoptiert und damit zum kaiserlichen Nachfolger (Manguel, 2012).

Obgleich dies natürlich eine Form der Mythenbildung ist und die Zeilen von verschiedenen Menschen zu unterschiedlichen Zeiten mit jeweils anderer Bedeutung aufgeladen werden, zeigt es doch, welche Macht den Büchern bereits in der damaligen Zeit zugesprochen wurde.

Forsyth (2015) erzählt in »Lob der guten Buchhandlung oder vom Glück, das zu finden, wonach Sie gar nicht gesucht haben«, dass sich auch der viktorianische Dichter Robert Browning der Bibliomantik bediente, als es um die Frage ging, ob seiner Beziehung zu Elizabeth Bishop Glück beschieden sei. Willkürlich nahm er ein Buch aus dem Regal – eine italienische Grammatik –, schlug es zufällig an irgendeiner Stelle auf und las: »Wenn wir in der anderen Welt so lieben wie in dieser, werde ich Dich bis in alle Ewigkeit lieben.« Dabei hatte er Glück, dass er auf eine der seltenen Übersetzungsübungen in der Grammatik gestoßen war.

Ähnlich wie die Bibliomantik mutet eine ägyptische Tradition an, gemäß derer man den Verstorbenen ägyptische Totenbücher ins Grab beigibt, auf dass sie auf dem Weg ins Totenreich verlässliche Weisung finden, was impliziert, dass man den Büchern sogar eine hilfreiche Wirkung im Jenseits zutraut (Muth, 1988).

In »Der Ozean am Ende der Straße« lässt Gaiman (2016) seinen jugendlichen Protagonisten sagen: »Ich holte mir ein Buch und ging in den Garten hinaus […] Wenn ich in meinem Buch las, hatte ich vor nichts Angst […] Ich mochte Mythen. Das waren keine Geschichten für Erwachsene, aber es waren auch keine Kindergeschichten. Sie waren besser. Denn sie *waren*« (S. 74).

Der jugendliche Held in Gaimans Geschichte findet im Lesen und den Büchern nicht nur Halt, sondern sie orientieren ihn zugleich über die Welt und lehren ihn, wie er sich verhalten soll: »Während meiner Kindheit lernte ich fast alles, was ich über Menschen wusste, aus Büchern – wie sie sich verhielten, wie ich mich verhalten sollte. Sie waren meine Lehrer und Ratgeber. In den

Büchern kletterten die Jungen auf Bäume, also kletterte ich auch auf Bäume […] in Büchern kletterten die Leute an Fallrohren hinauf und hinunter […] also kletterte ich auch Fallrohre hinauf und hinunter« (S. 106). Letzteres half ihm einer bösen Gegenspielerin zu entkommen, zumindest im Roman.

Ankommen und Innehalten

»Mit Büchern habe ich das meiste Gespräch.«
(Lucius Annaeus Seneca)

Intensives Lesen setzt eine gewisse Langsamkeit voraus. Wenn es nicht ausschließlich darum geht, sich möglichst viel Inhalt in möglichst kurzer Zeit anzueignen, wie das im beruflichen oder fachlichen Kontext oft der Fall ist, führt Lesen zwangsläufig zu einer Entschleunigung, einem Verweilen bei Worten und Sätzen, einem Innehalten. Ein Buch fordert uns immer auf, unsere Vorstellungskraft einzusetzen, uns einzufühlen und einzudenken, in die Ideen und Gedankengänge des Autors und die von ihm erschaffene Welt. Dabei hält die Beschäftigung mit den Ereignissen und Figuren eines Buches meist über die Zeit der Lektüre hinaus an, was uns ebenfalls eine Zeitlang unserem Alltag zu entheben vermag.

Ein gutes Buch kann zugleich der Anlass dafür sein, dass wir uns Zeit für uns nehmen, die allgemeine Zeit vergessen und unsere eigene Zeit entdecken, unseren persönlichen Rhythmus. Ein Buch kann uns dazu bringen, dass wir uns konzentrieren, sammeln und zur Ruhe kommen (Duda, 2008). So gesehen kann Literatur zur Beruhigung beitragen. Domin (1999) spricht von der »Befreiung vom Funktionieren«, vom »Stillstand der programmierten und programmierenden Zeit«. Nur im Augenblick der Selbstbegegnung, der in Büchern warte, könne der Mensch zu sich selbst kommen, so Domin.

Manguel (2012) versteht die traditionelle Lektüre als langsam, tiefgehend und individuell, als etwas, das reflektiert sein will. Ohne innezuhalten, kann man nicht lesen. Und weil wir durch das Lesen zur Ruhe kommen, erzeugt das Lesen wiederum Ruhe: »Schon das langsame Lesen kann eine einfache und wirksame Übung sein, die uns dabei hilft, das heute oftmals so rasante Lebenstempo zu verlangsamen und bewusster und aufmerksamer zu leben« (Duda, 2008). Sich Zeit zum Lesen zu nehmen, bedeutet zugleich, sich Zeit für sich zu nehmen, sich eine Auszeit vom Alltag und Funktionieren zu genehmigen.

Die Psychologin Nandini Banerjea findet es wunderbar und beruhigend, »dass all das Komplizierte des Lebens in der Lyrik oft eine Einfachheit findet, die dennoch vielschichtig und stimmig ist«. Die Journalistin und Redakteurin Maren Schürmann fügt der Idee vom Ankommen und Innehalten den Aspekt der Geborgenheit hinzu. In ihrer Lesebiographie erzählt sie: »Ich wollte für die Zeitung ein Porträt über den Kinderbuchautor Lionni schreiben und schlug für die Recherche ein Bilderbuch von ihm auf, in dem Glauben, es nicht zu kennen. Aber als ich die Bilder sah und die Geschichte las, kamen die Erinnerungen hoch und ich verspürte ein großes Gefühl von Geborgenheit. Die Geschichte über den traurigen Fisch ›Swimmy‹, der am Ende sein Glück findet, muss eines meiner ersten Bücher gewesen sein, als ich noch ganz klein war.«

Innezuhalten und Anzukommen sind zwei Grundfähigkeiten, die es uns ermöglichen, dem hektischen Alltag zu entfliehen und neue Kraft zu schöpfen. Durch die Auszeit beim Lesen können wir regenerieren, wir bekommen Distanz zu belastenden Dingen und können uns auf uns selbst konzentrieren. Dass wir beim Lesen mitunter in fremde Welten eintauchen ist kein Widerspruch dazu, dass wir dadurch zugleich bei uns selbst ankommen.

Wenn wir mit unserer Phantasie auf Reisen gehen, entdecken wir nicht nur die Welten, die in Büchern beschrieben sind, sondern erfahren zugleich etwas über uns: unsere Ideen, Wünsche und Sehnsüchte. Wir kreieren Bilder, die vielleicht schon lange in uns geschlummert haben und durch einen Text zum Leben erweckt werden. Wir verbinden Fremdes mit Eigenem, ziehen Parallelen und schaffen Verknüpfungen zwischen Vergangenheit und Gegenwart, entdecken vielleicht sogar Fäden, die wir einmal haben fallen lassen und die es wert sind, wieder aufgenommen zu werden.

Gemeinschaft und Kommunikation

*»Bücher begleiten uns durch unser Leben.
Sie sind Mittel unserer Menschwerdung,
sie vertiefen unser Bewußtsein.«*
(Reinhard Piper)

Bücher stellen eine Form der Kommunikation dar. In Büchern teilt der Autor etwas von seinen Erfahrungen, seinem Erleben, seinen Gedanken und Ideen sowie seinen Einstellungen und Überzeugungen mit und der Leser lässt sich auf die Gedanken und Perspektiven des Autors sowie die Gedanken und Empfindungen seiner Figuren ein. Wahrscheinlich fragt sich der Leser immer auch ein bisschen, wie viel von dem Autor im jeweiligen Text steckt, wie viel von dem, was die Figuren denken, empfinden und erleben, der Autor selbst gedacht, empfunden und erlebt hat.

Als Leser hören wir beim Lesen immer auch die Stimme des Autors. Wir machen uns ein Bild von ihm und stellen auf diese Weise eine Verbindung her. Oft ist die Vorstellung, die wir uns von einem Autor machen, so intensiv, dass wir überrascht sind, wenn wir ihm irgendwann einmal begegnen und er anders ist, als wir ihn uns vorgestellt haben. Das zeigt, dass Bücher eine spezielle und sehr intime Form der Kommunikation zwischen Autor und Leser darstellen.

Beim Lesen treten wir aber nicht nur mit dem Autor in Verbindung, sondern verbringen ebenfalls einige Zeit mit den von ihm geschaffenen Figuren, tauchen manchmal so tief in ein Geschehen ein, dass wir Teil der Geschichte und Figurenfamilie werden. Ein

Gefühl, das so stark werden kann, dass wir uns beim Zuschlagen des Buches ein wenig einsam fühlen. Zuweilen haben wir am Ende eines Buches sogar das Gefühl, Freunde oder Verwandte zu verlieren; und manche Figuren begleiten uns ein Leben lang.

Neben den Verbindungen zum Autor und den Figuren treten wir durch das Lesen in die Gemeinschaft der Lesenden ein und können uns über die Lektüre austauschen. Indem wir mit Freunden und Gleichgesinnten über Leseerfahrungen sprechen, fühlen wir uns mit ihnen verbunden. Bichsel (1982) meint, dass Buchstaben die Fähigkeit haben, Menschen zu solidarisieren, und Manguel (2012) spricht von der Familie der Leser. Gerk (2015) erzählt, wie sie ihren ödesten Ferienjob nur überlebte, weil sie in den Pausen auf einen Gleichgesinnten traf, der wie sie zum »Club der Buchsüchtigen« gehörte.

Der Psychologe Anrt-Enno Worm schreibt, dass ihm das Lesen immer die Hoffnung vermittelt habe, »dass es einen Ort oder eine Welt oder eine Gemeinschaft von Gleichgesinnten gibt, wo das, was ich an mir als fremd, andersartig und unpassend empfand, einen Platz oder sogar eine Heimat haben kann und wo es normal ist, so zu sein«. Die Schweizer Journalistin Elisabeth Moser sieht den heilsamen Effekt des Lesens vor allem darin, dass Bücher einen am Leben anderer teilhaben lassen.

Die Idee, dass Bücher eine verbindende Wirkung haben, gipfelt mitunter sogar in der Absurdität, dass manche Menschen sich Buchattrappen in die Regale stellen, um zur Gemeinschaft der Lesenden zu gehören. Sie unterliegen der Idee, dass der Besitz von Büchern mit einem bestimmten gesellschaftlichen Ansehen einhergeht und eine Bücherwand Besuchern den geistigen Reichtum des Besitzers vor Augen führt. Andere wiederum haben zwar keine Buchattrappen, dafür aber zahlreiche ungelesene Bücher, die ihrer Meinung nach zum Kanon gehören und den Anschein von Kultiviertheit erwecken sollen.

Manchmal können Bücher auch ein Ersatz für Freunde sein,

wenn man sich beispielsweise in einer Phase befindet, in der Freunde unerreichbar sind oder man sich als Außenseiter empfindet. Für die Lehrerin Birgit Hacker sind Bücher gute Freunde, die einen auf dem eigenen Weg ein Stück begleiten: »Ich finde es tröstlich, dass andere Menschen ähnliche Fragen und Themen haben, dass es in aller Verschiedenheit etwas Gemeinsames zu geben scheint.«

Autoren, Bücher und ihre Protagonisten können uns also zeigen, dass wir mit vielen Sorgen und Nöten nicht allein sind, sondern andere ähnliche Probleme und Ängste haben und einen Umgang damit finden. Zu sehen, wie andere mit Schwierigkeiten fertig werden, kann uns Mut machen und anregen, für unsere eigenen Probleme Lösungen zu suchen. Halsted (2002) bezeichnet das Phänomen, dass wir durchs Lesen das Gefühl haben, mit Problemen nicht allein zu stehen, sondern uns in eine lange Reihe von Menschen einzufügen, die Ähnliches erlebt haben, als »Universalisation«. Gerade in der entwicklungsbegleitenden Bibliotherapie sei das Phänomen von Bedeutung, weil es den Herausforderungen des Erwachsenwerdens die Brisanz nehme.

Der Fotojournalist Christoph Rau beschreibt die Gemeinschaft oder Gesellschaft, die durch das Lesen ausgelöst oder empfunden werden kann, noch viel konkreter: »Bücher waren wie Freunde, die ich nicht hatte. Sie haben mir in der Einsamkeit geholfen.« Und auch die Ärztin und Psychotherapeutin Bettina Arnold kennt die heilsame Wirkung von Büchern in Zeiten der Einsamkeit und wenn man sich ausgeschlossen fühlt.

Genauso gut können uns bestimmte Bücher auf kommunikative Situationen vorbereiten. So ist es dem Arzt und Autor Dietrich Weller ergangen, als er zu Beginn seiner Kliniktätigkeit »Sorge dich nicht, lebe!« (1948) von Carnegie gelesen hat, das ihm den Einstieg in das Thema Kommunikation und Menschenführung erleichtert und ihm grundlegende Ideen im Umgang mit Patienten gegeben habe.

Identifikation und Modellfunktion

>*Literarisches Schreiben und Lesen sind, wie alle Prozesse von Sprachfindung […] Schnitte in die sichtbare Oberfläche, um tiefere Schichten freizulegen. Sind Forschungsreisen ins Verborgene. Verhüllte Mitteilungen über die Geheimnisse und das Verbotene. Sind Sprachen, die das Sprechen der Selbstbefragung möglich machen.«*
>(Marlene Streeruwitz, 1997, S. 9)

Treffen wir auf Protagonisten, in denen wir uns wiedererkennen oder nach deren Leben wir uns sehnen, kann es zu einer positiven Identifikation kommen. Wobei positiv zunächst nur meint, dass wir uns mit den Helden, beziehungsweise einer bestimmten Figur, identifizieren, mit ihr fühlen und ihren Weg empathisch begleiten, uns manchmal vielleicht sogar so fühlen, als wären wir diese Figur. Positive Identifikation meint also zuerst, dass uns die Identifikation gelingt, was zu einer Erweiterung unserer Welt beitragen kann.

Grahlmann und Linden (2005) gehen sogar so weit, zu sagen, dass eine Verhaltensänderung mittels Lektüre vor allem durch den Prozess des Wiedererkennens ermöglicht werde, dadurch, dass sich der Leser mit einer Person identifiziere oder eine Situation als vertraut empfinde. Das klingt insofern plausibel, als wir wissen, wie gut Menschen und vor allem Kinder durch Vorbilder lernen, in positiver wie negativer Hinsicht. Das Verhalten von Eltern hat meist einen größeren Einfluss auf Kinder als das, was die Eltern sagen. Besteht ein Widerspruch zwischen Sprechen und Handeln, ahmen Kinder im Zweifel die Verhaltensweisen der Eltern nach.

Der amerikanische Autor und Psychoanalytiker Yalom (2007) lässt in »Die Schopenhauer-Kur« seinen Protagonisten sagen, dass er, nachdem ihm die Psychotherapie keine Lösungen geboten habe, sich selbst habe heilen wollen, indem er vermittels Lektüre die Gedanken der klügsten Männer, die je gelebt hätten, absorbieren wolle. Erkenntnis und Heilung erfährt er dann in den Schriften des Philosophen Arthur Schopenhauer, was dem Buch seinen Titel verliehen hat.

Aber selbstverständlich kann die Lektüre eines Buches nicht nur das Verhalten von Kindern oder Jugendlichen beeinflussen, sondern ebenso von Erwachsenen. Dies beschreibt der Apotheker Guido Besand eindrücklich in seiner Lesebiographie. Nach der Lektüre »Tiere essen« (2010) von Foer sei es ihm erst einmal nicht mehr möglich gewesen, Fleisch zu essen. Explizit schreibt Besand: »Figuren in Romanen können Modelle für ein alternatives Verhalten sein, sie können Stimmungen bessern oder verstärken.«

Die Journalistin Marlene Broeckers zieht die Möglichkeit in Erwägung, dass die Lektüre von »Heidi« (1880) von Spyri einen Einfluss auf ihre spätere Berufswahl hatte. Das Schicksal der im Rollstuhl sitzenden Clara habe eine solche Empathie und ein Bewusstsein in ihr geweckt, die sie letzten Endes in die Kommunikationsabteilung einer großen Einrichtung der Behindertenhilfe geführt habe. Der Autor und Kunsttherapeut Titus David Hamdorf berichtet, dass ihm das Lesen von Schriftsteller- und Künstlerbiographien während seiner Adoleszenz die Möglichkeit der Identifikation geboten habe. Überdies hätten ihm Bücher von Musil, Kafka, Rilke und Celan gezeigt, wie sich Unaussprechliches dennoch in Sprache bringen lasse.

Bollmann meint, dass Bücher es dem Leser ermöglichen, »sich in die zu Papier gebrachten Empfindungen eines anderen hineinzuversetzen und dabei den Horizont der eigenen Empfindungsmöglichkeiten auszuloten und zu erweitern« (2014, S. 39). Die Helden im Buch leiden und lieben, hoffen und fürchten, leben und sterben sozusagen stellvertretend für uns und diese Stellvertreterfunktion ermöglicht es uns, Erfahrungen zu machen, ohne dabei in reale Gefahr zu geraten oder uns für eine von verschiedenen Optionen entscheiden zu müssen.

Bücher mit unterschiedlichen Protagonisten und Szenarien bieten uns die Möglichkeit, Wege probehalber mitzugehen und durchzuspielen. Beim Lesen machen wir »stellvertretende Erfahrungen, aus denen wir lernen können und die uns bei der Bewältigung von Lebensaufgaben und beim Umgang mit schweren Lebenssituationen helfen können«. Wir begegnen »literarischen Vorbildern, mit denen wir uns identifizieren und von denen wir Wichtiges lernen können« (Duda, 2008, S. 64).

Die Psychologin Nandini Banerjea ist sogar der Meinung, dass die Bücher ihrer Kindheit und Jugend eine wichtige Rolle dabei gespielt haben, dass sie »ein ziemlich moralischer Mensch geworden« ist, weil die Bücher »oft sehr klassische Werte wie Ehrlichkeit, Verantwortungsbereitschaft, Loyalität, Rücksichtnahme bebildert und vermittelt hätten«. Das korrespondiert damit, dass Gerk (2015) der Auffassung ist, Literatur könne Nachhilfe in Sozialverhalten erteilen.

Die Ärztin und Psychotherapeutin Elisabeth Drimalla taucht in Bücher oft so vollständig ein, dass sie einen Teil der Gefühle der Protagonisten miterlebt: »Ich fiebere mit ihnen, drücke ihnen die Daumen, bin neugierig, wie es weitergeht, und traurig, wenn ich mich am Ende des Buches verabschieden muss.« Somit kann eine gelungene Identifikation dazu beitragen, dass der Leser sich weniger einsam fühlt, weil er in der Gesellschaft des Romanhelden aufgeht. Der Autor und Therapeut Udo Baer sieht eine doppelte Bewegung, die durch das Lesen ausgelöst wird: »Sich von sich entfernen und gleichzeitig in sich eintauchen.«

Aber Geschichten und ihre Helden können nicht nur der Identifikation dienen, sondern zugleich der Projektion. Eigene

Gefühle werden in die Romanfiguren projiziert, die dann als eine Art Blitzableiter für Emotionen dienen. Gerk (2015) nennt Rousseaus Beschreibungen über seine Leseerfahrungen in der Pubertät einen »klassischen pubertätstypischen Fall von Projektion« und meint damit Rousseaus Eingeständnis, dass er als Jugendlicher Tränen über die Leiden seiner Romanhelden vergossen habe.

Shrodes hat 1949 ein psychodynamisches Modell entwickelt, in dem sie erklärt, wie die Bibliotherapie wirkt. Sie geht dabei von einem Dreischritt aus. An erster Stelle steht der Prozess der Identifikation, dem an zweiter Stelle die Katharsis folgt, die schließlich in Erkenntnis mündet. Das Modell, das sich vor allem auf fiktive Texte bezieht, wurde von zahlreichen Nachfolgern aufgegriffen und angewendet (zum Beispiel Kramer und Smith, 1998; Farkas und Yorker, 1993). Shrodes vertritt die Meinung, dass fiktionale Literatur für bibliotherapeutische Zwecke besonders geeignet ist, weil sie auf emotionaler Ebene wirkt und eine emotionale Beteiligung für den Therapieerfolg unerlässlich sei.

Der Psychologe Anrt-Enno Worm erzählt: »Manche Bücher taten mir leid wie lebendige Wesen. Ein Buch über Alfred Delp, einen Jesuiten, der unter den Nazis ermordet wurde, habe ich immer wieder ausgeliehen, weil mich sein Schicksal anrührte und man sehen konnte, dass sonst niemand dieses Buch leihen wollte.« Dem Autor Lutz von Werder hat das Schicksal von »Lord Jim« am meisten aus der Seele gesprochen und in der »Identitätskrise der späten Jugend« geholfen, zu verstehen, dass man als Außenseiter überleben müsse.

Der Jugendbuchautor Frank schildert in »Wie ich zum Lettermann wurde«, dass er, wenn ihm eine Geschichte besonders gut gefiel, immer wie der Held der Geschichte werden wollte: »So kam es, daß ich einige Wochen lang Indianer werden wollte, doch meine Oma meinte, das ginge nicht; anschließend wollte ich Räuber werden, einer wie Robin Hood, der Reichen nahm, was er

Armen schenkte (glaubte ich), davor warnte mich meine Mutter, die als Ansicht vertrat, daß auch gute Räuber ein schlechtes Ende nähmen« (2001, S. 27). Und Lobo (1619, in Manguel, 2012) berichtet von einem Mann, der von seinen Kriegskameraden einen Ritterroman vorgelesen bekommt und in der Folge so begierig ist, diesem Vorbild nachzueifern, dass es ihn auf dem Schlachtfeld beinahe das Leben gekostet hätte.

Entscheidend ist, dass der Leser in jedem Augenblick die volle Kontrolle über die Identifikation hat. Nicht von außen wird verordnet, was er wann zu fühlen hat, sondern der Prozess der Einsicht obliegt allein ihm (Aringer, 2010). Die psychologische Distanzierung macht es einfacher, unbewusste oder unterdrückte Gefühle zuzugeben und zu analysieren. Nicht dem Leser passiert etwas, nicht der Leser hat die Gefühle, sondern der Protagonist. Dadurch begegnen einem schwierige Gefühle wie etwas »Drittes«, was ihnen ihre Brisanz nimmt. Aus einer eher distanzierten, emotional schwächer aufgeladenen Situation heraus ist es leichter, Dinge zu betrachten und Alternativen durchzuspielen.

Gerade in der pädagogischen Bibliotherapie kann die Modellfunktion eine entscheidende Rolle spielen. Geeignete Texte und Protagonisten wirken als Vorbilder und können der eigenen Ausrichtung förderlich sein (Kittler und Munzel, 1992). Lukas meint: »Nichts aber wirkt so stimulierend wie die Vorbildfunktion einer Buchgestalt« (2008, S. 62). Dabei ist es nicht entscheidend, dass der Leser mit den Ideen und Handlungen der Protagonisten übereinstimmt, sondern auch Sorgen um Figuren und deren Entscheidungen können Bestandteil der Identifikation sein.

Wichtig ist in erster Linie, dass eine emotionale Verbindung zwischen Leser und Protagonist entsteht. Noch einmal Lukas: »Der Held persönlich, der gar nicht immer heldenhaft sein muss, sondern auch klein, ängstlich und verzagt sein darf « (S. 62). Der Autor und Lehrer Christoph Rinneberg bekennt in seiner Lesebiographie, dass vermutlich die Bücher den größten Einfluss auf ihn hatten, die einen »Brückenschlag« zu seinem eigenen Leben erlaubt hätten.

Neurowissenschaftler haben herausgefunden, dass beim Lesen im Gehirn dieselben Regionen aktiv sind, als würde der Leser das Geschehen selbst erleben. Auch scheint das Lesen von fiktiven Texten die Fähigkeit zur Empathie zu steigern, indem es die Wahrnehmung sozialer Gegebenheiten verbessert und die sozialen Kompetenzen stärkt (Dovey, 2015). Oatley, Romanautor und Professor für kognitive Psychologie, erklärt in »Such Stuff as Dreams: The Psychology of Fiction« (2011), wie das Lesen von Romanen und die Identifikation mit fiktionalen Charakteren unsere sozialen Fähigkeiten verbessern. Fiktionale Literatur wirke wie eine Simulation und lasse uns an fiktiven sozialen Interaktionen teilhaben.

Wichtig erscheint im Zusammenhang mit dem Prozess der Identifikation, dass Geschichte und Protagonisten nicht nur den Verstand, sondern zugleich das Herz berühren. Denn nur, was uns emotional bewegt, hat auch die Kraft, uns auf der Handlungsebene zu bewegen. In der Medizin spricht man von narrativer Persuasion. Damit ist nichts anderes gemeint, als dass Schicksale uns eher zu Gesundheitsverhalten animieren können als reine Zahlen und Fakten. Ein Kind, das in unserer Stadt an Masern stirbt, kann unsere Impfbereitschaft deutlich mehr erhöhen als eine Statistik darüber, wie viele Menschen jährlich an Masern sterben.

Aber auch beim Lesen von Sachbüchern kann es zur Identifikation oder einer Art Erkennen kommen. Der Apotheker Guido Besand gesteht, wie er bei der Lektüre von »Leben kann auch einfach sein« (2011) von Stahl von der ersten Zeile an dachte: »In diesem Buch geht es um mich!« und wie beeindruckend er die Lektüre fand, weil er sich so gut wiedererkennen konnte.

Die Psychologin Gabriele Rinderknecht meint, dass die Bücher aus der rororo-Reihe »Neue Frau« in den 1970er Jahren eine gute Grundlage für Diskussionen zum Feminismus waren, »besonders das Buch ›Häutungen‹ von Verena Stefan«. Diese Bücher und Bücher von Simone de Beauvoir haben ihrer Meinung nach wichtige Impulse zur Entwicklung von Frauenidentitäten gegeben und bei der Findung von positiven Rollenvorbildern geholfen.

Wie wichtig das Element der Identifikation ist, betont auch der Journalist und Professor Torsten Schäfer, wenn er schreibt, dass »Winnetou« in seiner Jugend einen entscheidenden Einfluss auf ihn hatte, weil es in den Büchern um grundlegende Motive ging, die ihn umgaben und beschäftigten: »Natur, Draußensein, Spielen und andere klassische Jugendmotive.«

Ermutigung und Mobilisierung

>*»Über jedem guten Buche muss das Gesicht des Lesers*
>*von Zeit zu Zeit hell werden.«*
>*(Christian Morgenstern)*

Duda (2008) bekennt, dass ihm Bücher in Krisenzeiten immer wieder Mut gemacht und den Weg zurück ins Leben gewiesen haben. Er stellt fest, dass Texte, die uns emotional berühren, eine motivierende und mobilisierende Kraft entfalten und helfen können, »sowohl die innere Kraft des eigenen Wollens zu spüren als auch die Stimme der Intuition zu vernehmen«. Kittler und Munzel (1992) sehen in der Mobilisierungsfunktion von Literatur sogar den Kern der Bibliotherapie. Weil Einsicht allein nicht reiche, um Leben sinnvoll zu gestalten, so die Autoren, sei der entscheidende Punkt die Verhaltensänderung, zu der das Leseerlebnis motivieren könne.

Indem Literatur Konflikte darstellt und Lösungen anbietet, kann sie als Spiegel dienen und den Leser aktivieren, in eigener Sache nach Lösungen zu suchen. Sie kann die Auseinandersetzung mit Konflikten einleiten und die Bereitschaft wecken, sich auf sich selbst und die Situation einzulassen. Sie kann helfen, den Aufbruch zu wagen, indem sie zeigt, wie Aufbruch gelingt. Kittler schreibt: »Dabei stellt sich meist heraus, daß die Geschichte des Vorbildes von den aktuellen Problemen des Ratsuchenden ablenkt, zum Nachdenken motiviert und Lösungsmöglichkeiten in den Blick des Lesers stellt, an die er in seiner Bedrängnis bisher nicht dachte« (1988, S. 23).

Lindgren forderte einst, dass Kinder Geschichten lauschen sollten, die etwas über Leben und Tod zu sagen haben, über den Unterschied zwischen Gut und Böse und wie schwer es sein kann, ein Mensch zu sein. Kinder hätten das Recht, etwas zu lesen, was sie lachen, weinen und schaudern lasse, statt unsinniger Geschichten über zahme Eichhörnchen hören zu müssen (zitiert nach Gerk, 2015). In diesem Sinn können Bücher uns ermutigen, uns dem Leben mit allen seinen Facetten zu stellen, den angenehmen wie den unangenehmen.

Bücher können uns auch ermutigen, einen eigenen Weg zu finden, uns vielleicht sogar abseits gesellschaftlicher Normen zu bewegen, quer zu denken und zu handeln. Sie können uns die Kraft verleihen, zu uns selbst zu stehen, statt uns so zu verbiegen, wie die Gesellschaft es von uns erwartet. In Büchern ist immer wieder die Rede vom »Anderssein«, Protagonisten werden zu Außenseitern und machen uns vor, wie ein solches Leben gelingen kann.

Nach Ansicht des Heiligen Bernhardin war Bildung »das gefährliche Resultat der Neugier und eine ständige Quelle vermehrter Neugier« (zitiert nach Manguel, 2012, S. 299). Versteht man Neugier als Voraussetzung für Erkenntnis und diese wiederum als Vorbedingung für Handlung, kann Neugier uns mobilisieren und geistig wie praktisch in Bewegung setzen. Die Philosophin Christa Maria Petersen berichtet in ihrer Lesebiographie, dass Bücher ihr die Überzeugung vermittelt hätten, »ein Ziel erreichen zu können, auch wenn die äußeren Umstände dagegen sprechen«. Sie ist überzeugt, dass das »richtige« Buch und der »richtige« Schriftsteller zur »richtigen« Zeit von ganz allein »auf den Leser zukomme«, so dass letzlich jedes Buch und jeder Autor hilfreich sein können.

Bücher können uns aber noch auf ganz andere Weise ermutigen und mobilisieren, nämlich indem sie Sehnsucht auslösen. Sich in die Welt des Dschungelbuchs hineinfallen zu lassen und sich danach zu sehnen, ein Affe zu sein und sich mit langem Schwanz von Ast zu Ast zu schwingen oder wie Nils Holgersson zu fliegen (Claudia Kamber, Schweizer Psychiaterin) hat viel mit der Sehnsucht nach Freiheit zu tun und danach, sein Leben selbstbestimmt zu gestalten. Gerade diese eher abstrakten Freiheitsbilder können dazu beitragen, dass wir unser Leben so gestalten, dass unsere Sehnsüchte Berücksichtigung finden.

Der Kreativtherapeut Guido Lersen erzählt, wie das »Irische Tagebuch« (1957) von Böll bei ihm den bislang noch ungestillten Wunsch geweckt habe, nach Irland zu fahren und »Land, Landschaften, Leute, Regen, Tee und Whiskeys kennenlernen zu wollen.« Eine Sehnsucht, die bei der Journalistin und Redakteurin Maren Schürmann durch das Lesen eines Sachbuchs ausgelöst wurde. Bei dem Fotojournalisten Christoph Rau erweckte das Lesen von »Die Lust an der Liebe. Leidenschaft als Lebensform« (1984) von Keen die Sehnsucht »nach einer leidenschaftlicheren Welt um ihn herum«.

Und die Autorin und Kunsttherapeutin Christine Leutkart kommt in ihrer Lesebiographie noch auf eine andere Art der Ermutigung zu sprechen: dass nämlich ein mögliches Lesen auf Rezept, wie es bereits angesprochen wurde, ein Bewusstsein dafür schaffe, »dass man sich durch Lesen etwas Gutes tun könne«, und die Menschen durch ein Rezept ermutigt würden, das zu probieren. Die Krankenschwester und Beraterin Gabi Sturm nennt einen wichtigen Punkt, wenn sie schreibt, dass »die autodidaktischen Fähigkeiten eines Klienten gefördert und gewürdigt werden«, wenn man ihm Bücher zur (Selbst-)Heilung empfehle.

Die Journalistin und Redakteurin Maren Schürmann hatte nach der Lektüre von »Deutschland umsonst – zu Fuß und ohne Geld durch ein Wohlstandsland« von Holzach die Sehnsucht, ebenso schön und zugleich entlarvend schreiben zu können, was sie darin bestärkt hat, Journalistin zu werden. Der Autor und Lehrer Christoph Rinneberg empfindet schon das Lesen an sich als inspirierend und ermutigend.

Bücher können uns aber auch ermutigen und aktivieren, indem sie uns verblüffen. So jedenfalls ist es dem Arzt und Autor Dietrich Weller bei der Lektüre der Bücher von Dobelli gegangen, den er für einen brillanten Querdenker hält, weil er zeigt, »dass noch nicht alle Gedanken gedacht und formuliert worden sind«. Oder Bücher können uns motivieren, indem sie Wünsche auslösen, wie etwa den Wunsch der Apothekerin Gertraud Kodadad nach der Lektüre »Ein Winter auf Mallorca« (1841), genauso stark zu sein wie die Autorin des Buches (George Sand). Und die Schweizer Journalistin Elisabeth Moser findet: »Zeit, die man mit Lesen verbringt, ist immer köstlich und kostbar, sie bereichert.« Auch das kann als eine Form der Ermutigung begriffen werden.

Trost und Resilienz

> »Wenn es mir schlecht geht, gehe ich nicht in die Apotheke,
> sondern zu meinem Buchhändler.«
> (Philippe Dijan)

Das Buch als eine Welt der Zuflucht und des Trostes. »Wie die Bäume sind auch die Liebe und die Poesie, die großen Tröster, wieder erlaubt«, schreibt Domin (1999, S. 11) und Montesquieu bekannte: »Ich hatte niemals einen Kummer, den eine Stunde Lesens nicht verscheucht hätte« (zitiert nach Heidenreich, 2014, S. 21). In der ersten Phase einer Krise, in der es meist schwerfällt, aktiv zu werden und einen Ausdruck zu finden, kann das Lesen eine wichtige Rolle übernehmen. Es kann informieren, ablenken, beruhigen und trösten, ein Verständnis für die Situation ermöglichen und die Auseinandersetzung mit schwierigen Themen erleichtern.

In »Anton Reiser« von Moritz (1785–90) gibt der Vater seinem Sohn mystische Werke zu lesen. Auf diese Weise erschließt sich dem Protagonisten eine neue Welt, in der er sich für alles Unangenehme in seiner Welt entschädigt fühlt. Als tröstend, sowohl für den Patienten als auch für die Krankenschwester, beschreibt auch Ondaatje das Lesen in »Der englische Patient« (1993); hier »schluckt der Patient die Worte der Krankenschwester wie Wasser« und für die Pflegende selbst scheinen die Bücher der einzige Ausweg aus ihrer Zelle, weshalb sie ihr »die halbe Welt bedeuten«.

Colette schreibt in »Claudines Mädchenjahre« (1960), dass sie sich in den Seiten eines Buches so geborgen fühlt wie ein Hund in seiner Hundehütte. Und der jugendliche Held in »Der Ozean am Ende der Straße« von Gaiman sagt: »In meinem Kopf flüchtete ich mich in ein Buch. Das machte ich immer, wenn das Leben zu schwierig wurde oder zu unbeugsam. Ich griff nach einer Handvoll Bücher« (2016, S. 81). Der jugendliche Held in »Die Mitte der Welt« von Steinhöfel sagt wiederum: »Die Abenteuer, in die ich von den entliehenen Büchern entführt wurde […] hatten immer denselben Effekt: Sie umgaben mich wie ein schützender Mantel« (2004, S. 133).

Manguel bekennt, dass ihm das Lesen immer einen Vorwand lieferte, sich zurückzuziehen, und dass dieses Zurückziehen nicht etwa dazu führte, dass er sich einsam fühlte, sondern ganz im Gegenteil geborgen. Wenn er als Junge auf dem Fußboden lag und schmökerte, fühlte er sich aufgehoben. Später wechselte er vom Boden ins Bett: »Dann wurde das Bett der sicherste, abgeschiedenste Ort für meine nächtlichen Leseabenteuer in jener Nebelregion am Rande des Schlafs. Ich kann mich nicht erinnern, jemals einsam gewesen zu sein« (2012, S. 32).

Auch die Beständigkeit des geschriebenen Wortes vermag Trost zu spenden, wenn Vergänglichkeit und Flüchtigkeit zu Irritationen und Schmerzen führen. Geschriebenes ist zuverlässig und kann gerade dann trösten, wenn es um Verluste und die damit einhergehende Trauer geht. Die Journalistin Marlene Broeckers erzählt, dass Bücher ihr in Zeiten der Trauer hilfreiche Begleiter waren. Nach dem Tod ihres Vaters bestellte der Bruder »Zusammen im Licht« (2011) von Moody, was der Familie half, mit ihrer Trauer umzugehen. Broeckers ergänzt, dass schöne Worte und Sätze sie aber nicht nur trösten, sondern die Welt zugleich ein bisschen besser machen. Durchs Lesen gelinge es ihr, sich von den Belästigungen der Gegenwart zu distanzieren. Auch der Psychologin Nandini Banerjea gereichen Bücher zum Trost: »Ohne Bücher wäre ich in vielen Krisen sehr viel hilfloser und einsamer gewesen.«

Durchs Lesen gelingt es uns, zu sehen, wie andere Menschen mit den Wirrnissen und Gefährdungen des Lebens umgehen. Was uns als Subjekt betrifft, kann durchs Lesen objektiviert und aus sicherer Distanz betrachtet werden. »Die objektivierende Bannung von bedrohlichen Tendenzen und Möglichkeiten ist eine bedeutende Funktion von Literatur« meint Wellershoff (1996, S. 13) und benennt damit einen möglichen Umgang mit Trauer. »Die selbstverständliche Traurigkeit der Menschen macht sie zu Geschichtenerzählern«, schreibt Bichsel (1982, S. 11) und ich möchte hinzufügen, dass eben diese Traurigkeit uns auch zu Lesern macht.

Der Autor und Therapeut Udo Baer berichtet: »Als ich nach der Flucht im Westen ankam, erfuhr ich viele Anfeindungen als Flüchtlingskind, erlebte mich fremd und einsam. Da las ich die Stadtbücherei leer. Jedes Buch in der Abteilung ›Belletristik‹ und von den Sachbüchern zwei Drittel. Ich floh in die Bücher.« Schön ist auch die Geschichte, die Kittler (1988) in seinem Essay erzählt, in der ein Freund ihm gesteht, dass er abends immer vier bis fünf Flaschen Bier benötige, um seine Probleme zu vergessen und einschlafen zu können. Als Kittler ihm vorschlägt, es einmal mit Lesen zu versuchen, antwortet der Freund: »Wenn ich im Bett lese, bin ich nach einer halben Stunde weg.«

Auch bei einer Reise in die Fremde, ins Unbekannte, können Bücher Trost und Schutz bieten. Die Autorin Felicitas Hoppe beispielsweise überkommt kurz vor einer Reise zuweilen eine unbestimmte Furcht, gegen die sie sich mit einem Trostbuch wappnet (zitiert nach Gerk, 2015). Auch Manguel (2012) berichtet, dass eine Cousine ihre Reiselektüre immer mit ebensolcher Sorgfalt auswähle wie ihre Reisetasche, weil sie sich bewusst war, dass Bücher als Verbindungszeichen funktionieren würden.

Die Ärztin und Psychotherapeutin Elisabeth Drimalla bekennt, dass sie für schwierige Zeiten immer »Regenwörter« (1994) von Rose Ausländer in der Tasche trage. So auch, als sie ihre Mutter im

Krankenhaus besuchte, einige Tage bevor diese starb. Damals holte sie die Gedichte aus der Tasche und las ihrer Mutter vor. »Besonders gut hat uns beiden das Gedicht ›Noch bist du da‹ gefallen«, schreibt sie in ihrer Lesebiographie. Die Journalistin und Redakteurin Maren Schürmann spricht davon, dass Bücher und Artikel nicht nur Trost spenden, sondern manchmal auch noch Glücksmomente schenken.

Die Psychologin Gabriele Rinderknecht erzählt, wie sie nach dem plötzlichen Herztod ihres Mannes auf ihre Lyrikbände angewiesen war: »Das war eine Art Lebenshilfe, zu sehen, dass auch schon andere so gefühlt haben (Lasker-Schüler: »Für meine Traurigkeit gibt es kein Maß auf einer Waage«). Wichtig waren ihr damals auch die »Leichenreden« (1969) von Marti und »die Erkenntnis, dass man in der Auseinandersetzung mit dem Tod am meisten über das Leben lernt«.

Der Journalist und Hochschulprofessor Lars Rademacher fühlte sich durch »Die Kunst, sich selbst auszuhalten« (2013) von Bordt und »Dankbarkeit« (2015) von Sacks beruhigt und getröstet. Dem Arzt und Professor Heiner Wenk hatte »Die Asche meiner Mutter« (1996) von McCourt in einer Krise das Lachen und Weinen zurückgegeben und die Apothekerin Gertraud Kodadad beschreibt, wie »Beziehungsromane« sie in der Trennungszeit nach ihrer Ehe von den eigenen Schwierigkeiten abgelenkt und getröstet hätten.

In Zusammenhang mit dem Thema Trost und Beruhigung sei auch die Resilienz angesprochen, die die Fähigkeit meint, schwierige Situationen zu meistern, ohne krank zu werden oder zu zerbrechen. Es handelt sich dabei um die innersten Ressourcen, die uns zur Verfügung stehen, wenn es uns schlecht geht. Resilienz ist vermutlich etwas, das wir in der frühesten Kindheit aufbauen, und auch wenn es bisher keine Untersuchungen gibt, die den Zusammenhang zwischen Lesen und Resilienz behandeln, bin ich sicher, dass wir durch das Lesen unsere Fähigkeit zur Resilienz verbessern. So konstatiert beispielsweise die Autorin und Kunsttherapeutin Christine Leutkart: »Ich weiß, dass Bücher in meinem Leben heilsam auf mich gewirkt haben, und noch immer greife ich fast im Reflex zu einem Buch, wenn ich es mir gut gehen lassen will.«

Aus Kriegsberichten weiß man, dass Soldaten an der Front mitunter Gedichte aufgesagt haben, um sich zu beruhigen. Janne Teller, die als Konfliktberaterin in Kriegsgebiete reiste, begann inmitten von Trost- und Hoffnungslosigkeit, Gedichte auswendig zu lernen, weil ihr diese den Glauben an die Menschheit und Menschlichkeit zurückgaben (zitiert nach Gerk, 2015).

Eliot überwand den Tod ihres Mannes, indem sie mit einem Freund Werke von Dante las. Dass sie diesen Freund, John Cross, später heiratete, ist eine andere Geschichte (Morrison, 2008). Der Apotheker Guido Besand berichtet: »Ich halte Lesen und manchmal auch das Hören von Hörbüchern für eine gute Möglichkeit, um die Aufmerksamkeit von belastenden Dingen und belastendem Denken wegzulenken. Durch die dadurch entstehende Pause ist für mich lösungsorientiertes Denken anschließend leichter möglich.«

Die Schweizer Psychiaterin Claudia Kamber empfiehlt bei Trauer Bücher von Gleichgesinnten, um sich gespiegelt zu finden und Seelenverwandte kennenzulernen, die ihre Melancholie zu einer Stärke gemacht haben, wie es etwa in manchen Künstlerbiographien beschrieben wird. Durchs Lesen, so Kamber, werde die Trauer neu bewertet und vielleicht sogar als Antriebskraft verstanden. Trauer als etwas, das zu akzeptieren ist wie der Verlust, der die Trauer ausgelöst hat. Trauer zugleich aber auch als etwas, mit dem man nicht allein ist, sondern das uns allen im Leben irgendwann einmal begegnet.

Innezuhalten und sich abzulenken, um sich dann mit geistiger Frische den eigenen Problemen zuzuwenden, kann sehr hilfreich sein. Auf diese Weise könnte Lesen zur Resilienz beitragen. Die Diplom-Sozialpädagogin Suzana Erlauer erzählt: »Die Russen haben mich aufgefangen, als ich plusminus 18 Jahre alt war. Das Düstere, Schwere, Tragende, Langsame […] Ich konnte die Ohren schließen, durfte lesen und musste nicht denken, jedenfalls nicht die eigenen Gedanken.«

Selbsterkenntnis und Gefühlsschlüssel

»*Ein Buch muss die Axt sein für das gefrorene Meer in uns.*«
(Franz Kafka)

Lesen kann zur Selbstreflexion und Selbsterkenntnis beitragen. Indem wir über fremde Leben lesen, denken wir über das eigene nach. In der Konfrontation mit Lebensmodellen, Weltsichten und Verhaltensweisen, die uns in Büchern begegnen, reflektieren wir Ansichten und Handlungen. Über den Umweg fremder Einstellungen treten unsere eigenen zutage und Lesen wird zum Erkenntnisinstrument.

Geschichten halten uns einen Spiegel vor und fordern uns auf, das eigene Bild zu überdenken und zu klären. Über diese so wichtige Spiegelfunktion von Literatur können wir das, was uns in Geschichten entgegentritt, in Ruhe betrachten und dann annehmen oder verwerfen. Da das Thema der Selbstfindung ein zentrales Thema der Menschheit ist, ist es zugleich ein zentrales Thema der Literatur, weswegen Bücher uns beim lebenslangen Prozess der Selbstfindung unterstützen können (Duda, 2008).

Das passende Buch zur richtigen Zeit vermag uns sehend zu machen, uns zu Einsicht, Erkenntnis und Selbsterkenntnis zu verhelfen. Duda (2008) merkt an, dass Geschichten uns behutsam und beinahe unbemerkt helfen, uns und unsere Wirklichkeit zu erkennen und zu verstehen. Proust schreibt in »Auf der Suche nach der verlorenen Zeit«: »In Wirklichkeit ist jeder Leser, wenn er liest, eigentlich der Leser seiner selbst. Das Werk des Schriftstellers ist lediglich eine Art von optischem Instrument, das der Autor dem Leser reicht, damit er erkennen möge, was er in sich sonst vielleicht nicht hätte sehen können« (1912–27/2011, Bd. VII, S. 352).

Die Ärztin und Psychotherapeutin Elisabeth Drimalla erzählt, wie die Lektüre von Frischs Romanen, in denen es vor allem um das Thema der Identität geht, sie zu ihrem Beruf geführt habe: »Diese Fragen haben mich nicht mehr losgelassen und wohl auch meine Berufswahl beeinflusst. Das Interesse für diese Fragen war sicherlich schon vorher da, aber durch die Romane ist es mir bewusster geworden und mein Wunsch, mich damit zu beschäftigen, wurde verstärkt.« Der Krimiautor Michael Kibler schildert, wie ihn »Die Kunst des Liebens« (1956) von Fromm klargemacht habe, dass er einzelne Menschen nur dann lieben könne, wenn er die Menschen an sich liebe.

Aber nicht nur auf kognitiver, sondern auch auf emotionaler Ebene können Bücher eine Bereicherung darstellen und als Gefühlsschlüssel fungieren. Die Journalistin und Redakteurin Maren Schürmann schreibt: »Manche Bücher oder auch Reportagen versetzen mich in einen Glückszustand, andere finde ich verstörend, wieder andere lassen mich weinen oder ganz ruhig werden. Durchs Lesen fühle ich mich lebendig.«

Lesen kann auch aus der Sprachlosigkeit herausführen, indem es Worte und Bilder für Empfindungen bietet, die man in seelischer Not vielleicht selbst nicht findet. Dies kann insbesondere in Krisen hilfreich sein, in denen wir uns durch die Plötzlichkeit und Heftigkeit des krisenhaften Geschehens zunächst wie blockiert und gelähmt fühlen. In diesem Fall können Worte eines fremden Textes ein Schlüssel zur Öffnung des persönlichen Gefühlsarchivs sein. Fremde Geschichten können als Stimulus dienen, die eigene Geschichte zu erzählen.

Die Schweizer Atemtherapeutin und Lyrikerin Ingrid Peter gesteht, wie das Buch »Ich weinte nicht, als Vater starb« von Galey es ihr mit vierzig Jahren endlich ermöglicht habe, zum ersten Mal über den jahrelangen Missbrauch als Kind zu sprechen: »Ich verstand, dass ich mich nicht schämen musste und mich auch nicht schuldig fühlen musste.« Der Arzt und Autor Dietrich Weller meint, dass gute Lektüre »lebenswichtige und lebenssteuernde Impulse und Erkenntnisse« vermittle.

Literatur kann verborgene Gefühle ins Bewusstsein holen und helfen, sie zu benennen und zu ordnen. Dichtung kann wie ein Resonanzboden etwas zum Schwingen bringen und bewegen, das erstarrt war, und verschlossene Räume öffnen (Gerk, 2015). »Lesen kann die Funktion eines ›inneren Herzschrittmachers‹ erfüllen, indem es den Menschen in seiner Tiefe erreicht, ihn öffnet und ihm beim Bergen der Emotionalität hilft« (Duda, 2008, S. 101).

Nach Gerk (2015) vermehre Literatur nicht nur faktisches Wissen, sondern bereichere auch unsere emotionale Kompetenz. Durch Literatur hervorgerufene Emotionen machen selbige zum »Transportmittel für Handlungsmöglichkeiten«. Die Autorin und Kunsttherapeutin Christine Leutkart bekennt, dass ihre exzessivsten Lesephasen immer dann waren, wenn das Leben sie besonders plagte und Bücher ihr in vielerlei Hinsicht die Augen geöffnet hätten, ihr Anregungen gegeben hätten, wie sie dem Leben auf andere Weise begegnen könne.

Der Zugang zu den eigenen Gefühlen kann sowohl über Identifikation mit einem Protagonisten erfolgen als auch durch die Geschichte selbst, die uns anrührt und unsere Emotionalität gleichsam »freischaltet«, die uns Gefühle in einem Bereich erleben lässt, der zunächst fern unserer eigenen Realität liegt und dadurch vermeintlich »ungefährlich« scheint. Über das Schicksal eines Protagonisten lässt sich oft leichter weinen als über das eigene. Texte können uns gewissermaßen die Sprache der Gefühle (wieder) erlernen lassen.

Die Psychologin Nandini Banerjea erinnert sich, dass sie mit vierzehn Jahren in wilder Trauer aufgelöst war, nachdem Kara Ben Nemsis Pferd Rih im sechsten Band von Karl Mays Orientzyklus starb und sie aus tiefster Seele schluchzend zu ihrer Mutter ins Zimmer lief. Und der Pädagoge und Autor Sven Biela beschreibt, wie die Sprache von Ellis in »American Psycho« es geschafft habe, die psychischen Probleme des Protagonisten körperlich erlebbar werden zu lassen.

Wenn wir das Gefühl haben, jemand hat etwas zur Sprache gebracht, was uns betrifft, kann das zu einem positiven Gefühl beitragen. Der Arzt und Autor Dietrich Weller schreibt in seiner Lesebiographie: »Wenn ich beim Lesen mir verwandte Gedanken finde oder eine gute Formulierung für das, was ich immer schon gefühlt habe, aber nicht treffend genug formulieren konnte, bin ich glücklich.« Und die Philosophin und Heilpraktikerin Christa Maria Petersen findet in jedem Buch etwas für ihr Leben. Warum Bücher eine heilsame Wirkung haben, kann sie zwar nicht genau beschreiben, berichtet aber, dass sie ihr geholfen hätten, »Einsichten und Erkenntnisse« zu gewinnen.

Selbstbewusstsein und Veränderung

»Wer zu lesen versteht, besitzt den Schlüssel zu großen Taten, zu unerträumten Möglichkeiten.«
(Aldous Huxley)

Ress (2015) erzählt von der Arbeit mit straffällig gewordenen Frauen, die vor ihrer Verhaftung missbraucht worden waren. Sie las mit ihnen das Märchen »Oll Rinkrank« der Brüder Grimm. In der Geschichte will ein König seine Tochter dem Mann geben, der über einen Glasberg laufen kann. Die Tochter begleitet den Freier über den gläsernen Berg, rutscht aus und fällt in den Berg. Innerhalb des Berges muss sie einem Alten mit langem grauem Bart dienen, der jeden Morgen mit einer Leiter aus dem Berg steigt und Schätze holt, bis beide alt sind. Eines Abends lässt die Frau den Alten nicht mehr in den Berg und klemmt ihn am Bart fest, als er durch die Luke einsteigen will. Er gibt ihr sodann die Leiter und sie geht zum Vater, der den Alten schließlich tötet und seine Schätze an sich nimmt. Am Ende bekommt die Tochter den Mann, den sie liebt.

Die Frauen diskutierten diese Geschichte und stellten Verbindungen zu ihrem eigenen Leben her. Sie stellten Vermutungen darüber an, was der Tochter das nötige Selbstbewusstsein gegeben haben könnte, ihr Schicksal in die Hände zu nehmen und die Geschichte von Unterdrückung und Missbrauch zu wenden. Ress berichtet, wie das Märchen dazu beigetragen habe, den Frauen ein neues Selbstbewusstsein zu verleihen und sich aus der Opferrolle zu befreien. Sie schlussfolgert, dass geeignete Geschichten uns einen Weg im Leben zeigen können.

Salimi und Kollegen (2014) etablierten eine Bibliotherapiegruppe unter weiblichen Studierenden und stellten fest, dass das regelmäßige gemeinsame Lesen dazu beitrug, das Selbstwertgefühl der Studentinnen zu verbessern. Die Krankenschwester und Beraterin Gabi Sturm bekennt in ihrer Lesebiographie, das Lesen habe ihr zu einem neuen Selbstbewusstsein verholfen: »Mein bis dahin nicht oder kaum vorhandenes Selbstwertgefühl keimte und begann zu wachsen. Meine Erfahrung hieß: Ich lese, ich lerne, ich bin – wer.«

Permain (2015) zeigt, wie es möglich ist, alten Groll mittels Lektüre zu überwinden. Sie benutzt verschiedene Geschichten, in denen Menschen Unrecht geschehen ist, um zu verdeutlichen, dass Wut ein hilfreiches und aktivierendes Gefühl sein kann, dass es uns zu den richtigen Aktionen leiten kann, während Groll hinderlich ist. Eine der Geschichten, die sie zur Vermittlung verwendet, ist »Prince Dhigavu«, in der ein Buddhist Rache für den Mord an seinen Eltern sucht, bis er begreift, dass Rache nur zu mehr bösem Blut und Leid führt, während man durch Vergebung aus dem Teufelskreis ausbrechen kann.

Duda (2008) merkt an, dass Bücher uns daran erinnern, wie existenziell die Frage der Authentizität ist und diese wiederum aufs Engste mit Stimmigkeit und Selbstannahme verbunden ist. Bücher können dazu beitragen, dass wir Eigenes wertschätzen und im besten Sinne des Wortes auf unserem Eigensinn beharren, diesen sogar als wertvoll erleben. Die englische Literaturwissenschaftlerin Flint (1993) postuliert, dass Romane dazu beitragen, dass Leser sich in ihrem Ich bestärkt fühlen.

Durch Lesen und Miterleben findet ein Prozess der Reflexion statt, der das Verständnis für die eigene Situation verbessert.

Dadurch sind Einstellungs- und Verhaltensänderungen möglich, wobei das Gelesene und Erfahrene manchmal einer Latenzphase bedarf, bevor es die volle Wirkung entfalten kann (Halsted, 2002).

Bücher beeinflussen uns aber nicht nur in schwierigen oder krisenhaften, sondern auch in ruhigen und schönen Augenblicken unseres Lebens. Die Diplom-Sozialpädagogin Suzana Erlauer, die ein Buch vier Wochen durch Nepal trug, obwohl ihr Gepäck auf zehn Kilo begrenzt war, bekennt: »Ich glaube, dass Bücher an sich einen entscheidenden Einfluss auf mich hatten. Ich wäre sicherlich ein anderer Mensch, wenn ich nicht lesen würde.« Und die Philosophieprofessorin Nicola Erny konstatiert: »Die Summe der Lektüre bedingt meine Weltsicht.«

Der Kreativtherapeut Guido Lersen ist überzeugt, dass Bücher dazu beitragen, dass man sich in Zeiten der Veränderung auf sich besinnt und dadurch Kraft, Mut und Hoffnung schöpft. Und der Autor Michael Kibler führt an, dass Bücher dabei unterstützen, die eigene Person zu reflektieren, und Lesen vielleicht dahingehend heilsam sei, »dass es den Horizont erweitere, neue Perspektiven eröffne und alte Perspektiven überdenken lasse«.

Den Autor und Arzt Dietrich Weller hat das Gedicht »Stufen« von Hesse auf jeder Stufe seines Lebens gestützt und geleitet, »besonders bei Brüchen und Krisen«. Es habe ihm »Ruhe und Gelassenheit vermittelt und das Wissen, dass die Brüche und Stufen natürlicher Bestandteil jedes Lebens und notwendig seien – die Not wendend«.

Sinnhaftigkeit und Existenzielles

»Lies, um zu leben.«
(Gustav Flaubert, 1857)

Wir alle sind unser Leben lang auf der Suche nach Sinn. Manchen von uns ist diese Suche sehr bewusst und sie empfinden diese mitunter sogar als schmerzhaft, sofern sich Lebenssinn und Lebensaufgabe nicht unmittelbar erschließen. Andere wiederum fühlen sich von der Sinnfrage weniger getrieben, kommen mit ihr vielleicht überhaupt nur in Phasen des Umbruchs in Berührung, wenn beispielsweise etwas wegfällt, das dem Leben Sinn verliehen hat, wie etwa der Tod eines geliebten Menschen oder der Verlust von Arbeit.

Der Wunsch, dem eigenen Leben Sinn zu verleihen, spiegelt sowohl das Bedürfnis wider, »nicht umsonst gelebt zu haben«, als auch den Wunsch, einzigartig zu sein; ein Individuum mit speziellen Begabungen und Aufgaben, die das Leben wert- und sinnvoll machen. Lukas (1988) erklärt, es liege in der Natur des Menschen, dass er ein Mindestmaß an Herausforderungen und gesunder Lebensspannung benötige, um sein Leben als lebenswert zu empfinden: »Wer alles hat, was er nur haben will, der hat bloß eines nicht: ein Ziel, eine Aufgabe, einen Daseinszweck.«

Das Sinnbedürfnis des Menschen ist ein vitales und zentrales Lebensmotiv, das deswegen große Bedeutung erhält. Findet der nach Sinn fragende Mensch keine befriedigende Antwort, kann er an Leib und Seele erkranken. Wird das Sinnbedürfnis hingegen freigelegt und ahnt ein Mensch, was er zu einem authentischen Leben braucht, wächst ihm meist sowohl die Bereitschaft als auch Kraft zu, Herausforderungen anzunehmen.

Ohne Sinnhorizont schrumpft das Leben; es gibt keinen Grund, Energie bereitzustellen. Wenn wir nicht wissen, für was oder wen wir eine Krise oder schwierige Lebenssituation be- und überstehen sollen, fehlt uns meist auch die nötige Kraft dafür. Lukas meint: »Das richtige Buch im richtigen Moment erschließt Sinn, egal, ob es zum Mitlachen oder Mitweinen auffordert, denn nicht nur das Lachen ist heilsam, sehr heilsam sogar, sondern auch das Weinen hat noch seine Heilkraft« (1988, S. 76). Bichsel meint: »Unser Leben wird dann sinnvoll, wenn wir es uns erzählen können […] Die Literatur hat die Aufgabe und den Sinn, die Tradition des Erzählens fortzusetzen, weil wir unser Leben nur erzählend bestehen können« (1982, S. 78, 83).

Lesen als Möglichkeit, mit Sinnideen in Berührung zu kommen und zu erfahren, auf welche Weise andere Menschen Sinn im Leben empfinden. Durch das Lesen kann der Prozess der Sinnfindung in Gang gesetzt werden, der später vielleicht in einen individuellen Lebensentwurf mündet (Kittler und Munzel, 1992). Muth (1988) schreibt, dass wir uns den Umgang mit Büchern wie ein Zugehen auf viele kleine, situationswirksame Sinnangebote vor stellen dürfen. Und Lukas (1988) postuliert, dass wir literarische Impulse brauchen, weil diese uns Ausschnitte der Wirklichkeit in aller Echtheit und Tiefe zeigen.

Die Ärztin und Psychotherapeutin Bettina Arnold berichtet, dass Werke wie »Siddhartha« (1922) von Hesse und auch Goethes »Faust« (1808) sie in ihrer Jugendzeit auf der Suche nach dem Sinn des Lebens stark beeinflusst hätten, auf der Suche nach Identität, der Suche nach einer eigenen Lebensweise und in Fragen der Beziehungsgestaltung.

Juli Zeh erklärt in »Treideln«: »Wir ordnen erinnerte Erlebnisse nach narrativen Mustern und konstruieren uns auf diese Weise ein konsistentes Bild unseres selbst und der uns umgebenden Welt. Nicht in ihrer zerstreuenden, unterhaltenden oder bildenden Wirkung liegt der Grund, warum es die Literatur seit Tausenden von Jahren gibt. Sondern in der originären Nähe literarischer Verfahren zum menschlichen Welt- und Selbsterleben« (2015, S. 187).

Cervantes verschmähte in seiner Lesewut nicht einmal die Papierfetzen auf der Straße und auch andere Autoren beschreiben, dass sie sich dabei ertappen, alles zu lesen, was in ihr Blickfeld kommt: angefangen von Büchern bis zu den Hinweisen auf der Zahnpastatube. Flaubert (1857) erklärt, dass wir weder zum Vergnügen noch zum Wissenserwerb lesen sollen, sondern um zu leben. Und auch Duda (2008) bekennt, dass Lesen für ihn existenziell und lebensnotwendig ist und er sich ein Leben ohne Lesen nicht vorstellen kann.

Dass Lesen gerade in der heutigen Zeit, die mit einer zunehmenden Orientierungslosigkeit einhergeht, bei der Suche nach Sinn und Werten einen wichtigen Beitrag leisten kann, erscheint naheliegend. Durch die Lektüre können wir auf Lebensthemen aufmerksam gemacht werden und neue Themen entdecken oder alte wieder aufnehmen. Die Journalistin und Redakteurin Maren Schürmann konstatiert, dass Lesen den Blick fürs Wesentliche schärfe.

Frankl (1988) berichtet von Briefen, die auf dem Sterbebett oder im Gefängnis geschrieben wurden und in denen zum Ausdruck gebracht wurde, wie viel ein Buch oder ein einziger Satz in existenziellen Situationen, in »äußerer Abgeschlossenheit und innerer Aufgeschlossenheit« bedeuten kann. Er führt aus, dass nichts die Sinnfindung so sehr in Gang zu setzen vermag wie ein Buch. Lesen führe uns in die *Vita contemplativa*, ins beschauliche Dasein, und lasse uns dadurch zu uns selbst kommen.

»Wer ein Warum zum Leben hat, erträgt fast jedes Wie«, schrieb bereits Nietzsche und in der postfreudianischen Zeit weiß man schon lange, dass der Mensch nicht nur triebgesteuert ist, sondern zugleich sinnbedürftig. In der Logotherapie, deren Ursprung auf Frankl zurückzuführen ist, geht man davon aus, dass jedes Leben und jede Lebenssituation, so ausweglos sie auch erscheinen mag, einen spezifischen Sinn hat. Einen Sinn, der das Dasein eines Menschen erhellen kann, sofern er den Sinn erkennt und akzeptiert.

In der Hektik des Alltags können Fragen nach der Sinnhaftigkeit des Lebens leicht aus dem Blick geraten. Oftmals sind wir so damit beschäftigt, auf allen Ebenen und in vielfältigen Rollen zu genügen, dass uns unsere existenziellen Bedürfnisse nicht mehr bewusst sind. Aber die Frage nach dem Sinn ist existenziell und Bücher können eben diese Sinndimension in das tägliche Leben (zurück) bringen, uns für Sinnfragen sensibilisieren und zugleich bei der Sinnsuche begleiten.

Dabei kann Sinnhaftigkeit auch ganz konkret mit der Wahrnehmung durch unsere Sinne zu tun haben. Bücher sprechen alle unsere Sinne an. Unsere Augen gleiten über die Seiten und sehen Worte und Sätze, in unseren Ohren klingen die gelesenen Laute, hallt die Geschichte wider, unsere Finger betasten das Papier und den Buchrücken und Bücher haben einen bestimmten Geruch. Manguel meint: »Der Akt des Lesens stellt eine intime, körperliche Beziehung zum Buch her, an der alle Sinne teilhaben« (2012, S. 354).

Die Lehrerin Birgit Hacker berichtet, dass »Die Wand« (1963) von Haushofer in ihr die Sehnsucht nach einer überschaubaren Welt ausgelöst habe, nach einem Leben, das sich am Notwendigen ausrichte. Nach einem Leben, das es nicht mehr nötig habe, nach dem Sinn zu fragen, sondern in dem man in der Natur und mit ihr lebe. Ein Leben, in dem man das mache, was erforderlich sei, und sich an dem erfreut, was ist.

Die Schweizer Psychiaterin Claudia Kamber berichtet, wie das Buch »An den Grenzen des Wissens« (1974) von Portmann ihr schon mit fünfzehn Jahren klar gemacht habe, dass es sie gibt, »die Schönheiten und Verspieltheiten des Lebens, einfach so und ohne Grund, ohne Zweck. Weiter schreibt sie, dass sie sich diesen Satz »auf die Innenseite der Stirn geklebt« habe.

Die Journalistin und Redakteurin Maren Schürmann bekennt, dass sie sich ihr Leben ohne Lesen nicht vorstellen, ihren Traumberuf ohne Lesen nicht ausüben und abends ohne Lektüre nur schlecht einschlafen könne. Die Journalistin Kerstin Liesem schreibt, dass ihr »De brevitate vitae« von Seneca deutlich gemacht habe, dass sie ihre Lebenszeit keinesfalls vergeuden darf.

Grenzen und Nebenwirkungen

»*Die meisten Menschen sterben eher am Heilmittel als an der Krankheit selbst.*«
(*Jean-Baptiste Poquelin, genannt Molière*)

Was eine Wirkung hat, hat auch eine Nebenwirkung. Das gilt für die Schulmedizin wie für alternative Heilverfahren und die Bibliotherapie. Wenn wir behaupten, dass Literatur heilsam sein kann, müssen wir uns auch damit auseinandersetzen, dass sie Nebenwirkungen haben kann. Die Psychologin Nandini Banerjea, die den Büchern in jeder Hinsicht eine machtvolle Wirkung zugesteht, warnt: »Die falsche ›Medizin‹ oder die falsche Dosierung zum falschen Zeitpunkt kann selbstverständlich auch schaden.«

Es war schon die Rede von Emma Bovary, die von den Liebesgeschichten in den Büchern so beeindruckt war, dass sie ein Verhältnis einging, was für eine verheiratete Frau zur damaligen Zeit zwangsläufig ins Unglück führte. Und wer hätte nicht schon gehört, dass Lesen Zeitverschwendung sei und man beim Lesen in Phantasiewelten abtauche, aus denen man schnell auf den Boden der Realität zurückkehren müsse, bevor ein Unglück geschehe. Natürlich kann Lesen zur Welt- und Realitätsflucht werden, aber es kommt immer auf das Maß an und darauf, ob man zwischen Fiktion und Realität unterscheiden kann. Eine Flucht in Scheinwelten sollte natürlich vermieden werden, insbesondere in der pädagogischen Bibliotherapie.

Die emotional anrührende und mitunter aufwühlende Wirkung eines Buches kann die bisher genannten positiven Wirkungen haben, zugleich aber auch so heftig sein, dass wir mit den hervorgerufenen Gefühlen nur schwer zurechtkommen, insbesondere dann, wenn sie uns unangenehm sind. Der Vorteil einer begleiteten Bibliotherapie oder von bibliotherapeutischen Gruppen besteht in solchen Situationen darin, dass man anschließend darüber reden kann, wodurch sich vieles leichter bewältigen lässt. Catalano (2008), die in einer Untersuchung bibliotherapeutischer Maßnahmen in der Schule vermehrte Ängste bei Schulkindern feststellte, ist der Meinung, dass sie hätten vermieden werden können, wäre ausreichend Zeit für Diskussionen gewesen.

Das Problem einer überstarken Identifizierung kennen wir vom sogenannten Werther-Effekt: Dieser bezeichnet die Annahme, dass ein Zusammenhang besteht zwischen Suiziden, über die in den Medien ausführlich berichtet wird, und einer erhöhten Suizidrate in der Bevölkerung. Die Bezeichnung lässt sich auf eine Suizidwelle nach Veröffentlichung des Romans »Die Leiden des jungen Werthers« (1774) von Goethe zurückführen. Das Phänomen wird allerdings kontrovers diskutiert. Während einige Forscher von einer Epidemie sprechen, verweisen andere auf eine unzureichende Erfassung der Zahlen oder sprechen von einer lediglich zweistelligen Anzahl von Suiziden (Ziegler und Hegerl, 2002).

Aber auch überhöhte eigene Ansprüche und zu hohe externe Anforderungen können zu Frustrationen beim Lesen führen. Gerade in der pädagogischen Bibliotherapie ist deswegen darauf zu achten, dass die Auswahl der Texte zwar anspruchsvoll ist, aber dennoch entwicklungsgemäß. Bei der Selbstlektüre sollte immer von der Möglichkeit Gebrauch gemacht werden, das Buch zuzuklappen, sofern der Lesende das Gefühl hat, überfordert zu sein oder durch die Lektüre in eine allzu schlechte Stimmung zu geraten.

In der angeleiteten Bibliotherapie ist weiterhin zu beachten, dass es Menschen gibt, die nicht lesen können oder wollen, sei es durch Leseblockaden oder -phobien, die meist durch schwierige Lesebiographien ausgelöst wurden. Auch bei übermäßigem Bücherkonsum, der zur Vernachlässigung von Aufgaben oder sozialen Beziehungen führt, sollten bibliotherapeutische Maßnahmen zurückgestellt werden. Bei bestimmten Persönlichkeitseigenschaften, die dazu führen, dass Geschichten und Protagonisten verzerrt wahrgenommen werden, sollte ebenfalls darüber nachgedacht werden, ob bibliotherapeutische Maßnahmen sinnvoll sind (Catalano, 2008).

Gerk (2015) erzählt, wie der Junker Alonso Quijano seine Pflichten vernachlässigt, Haus und Hof verkommen lässt und sein letztes Hemd verkauft, um Ritterbücher anzuschaffen. Die Geschichte, wie er sich in »Leben und Tod des scharfsinnigen Edlen Don Quichote von La Mancha« von Cervantes (1605/1615) einen neuen Namen verpasst, nämlich Don Quijote, und als fahrender Ritter loszieht, um die Heldentaten der Lieblingsprotagonisten selbst zu erleben, nennt sie das Gegenteil einer gelungenen Bibliotherapie, weil der Junker nicht mehr zwischen Realität und Fiktion unterscheiden kann und zuletzt den Verstand verliert.

Eine wichtige, zu beachtende Grenze in der Selbstlektüre sind psychische Zustände, die einer professionellen psychologischen oder psychiatrischen Begleitung bedurfen. In angeleiteten Bibliotherapien oder Lesegruppen sollte auf Hinweise geachtet werden, die für eine Selbstgefährdung der Teilnehmer sprechen. Im Zweifel ist es angeraten, lieber einmal mehr fachliche Hilfe in Anspruch zu nehmen als einmal zu wenig. Der Arzt und Autor Dietrich Weller warnt zudem vor krank machenden Effekten eines destruktiven Lesestoffs und die Apothekerin Gertraud Kodadad gibt zu bedenken, dass die Lektüre bestimmter Bücher bestehende Defizite verstärken könne.

Blechinger (2011) weist darauf hin, dass Worte einen Menschen nicht nur heilen, sondern auch verletzen können. Er führt aus, dass eine bedrückende Geschichte die Stimmung des Lesers nachhaltig beeinträchtigen und im schlimmsten Fall sogar in eine Krise führen kann, vor allem, wenn die dargebotenen Inhalte das eigene Weltbild erschüttern und niemand zur Stelle ist, der hilft, die Gefühle und Erlebnisse zu ordnen und in einen Kontext zu rücken.

Das bereits erwähnte Phänomen, dass jeder Leser im Kopf seine eigene Romanwelt erschafft, kann im ungünstigsten Fall dazu führen, dass eine Lesart von der ursprünglichen Intention des Textes abweicht und diesen entweder bewusst oder unbewusst verfälscht und vielleicht sogar für eigene Zwecke missbraucht. Ein Punkt, der immer wieder heftig diskutiert wird, wie beispielsweise im Fall von Nietzsche, dessen Texte mitunter von der Propagandamaschine des »Dritten Reichs« benutzt wurden.

III Anhang

Leitfadeninterview/Lesebiographie

»*Ein Buch ist ein Spiegel, wenn ein Affe hineinsieht,
so kann kein Apostel herausgucken.*«
(Georg Christoph Lichtenberg)

Fühlen Sie sich frei, die in diesem Leitfadeninterview beziehungsweise dieser Lesebiographie aufgeführten Fragen so kurz oder lang zu beantworten, wie Sie wollen. Vielleicht mögen Sie die Fragen auch eine Weile liegen lassen, bevor Sie sie beantworten. Fragen, mit denen Sie nichts anfangen können, lassen Sie einfach unbeantwortet. Möglicherweise entwerfen Sie auch eigene Fragen, die Ihnen zur Ergänzung Ihrer persönlichen Lesebiographie wichtig erscheinen.

Der hier abgedruckte Fragebogen wurde in dieser Form auch den für das Buch befragten Experten vorgelegt.

1. *Welche Erinnerungen verbinden Sie mit dem Lesen? Wer hat Ihnen das Lesen nahegebracht?*
2. *Welches war Ihr Lieblingsbuch als Kind? Welches ist Ihr aktuelles Lieblingsbuch?*
3. *Wann war die exzessivste Lesephase Ihres Lebens?*
4. *Welche Bücher hatten einen entscheidenden Einfluss auf Sie? Können Sie sagen, warum und in welcher Weise?*
5. *Gibt es Bücher, die Ihnen in schwierigen Zeiten geholfen haben? Welche Zeiten waren das und wie haben die Bücher Ihnen geholfen?*

6. *Gibt es ein Buch, das Ihre Weltsicht entscheidend geprägt oder verändert hat?*
7. *Welches Buch hat die größte Sehnsucht bei Ihnen ausgelöst? Sehnsucht nach was?*
8. *Welches war der »speziellste Zustand«, in den ein Buch Sie versetzt hat? Vielleicht ein lesender Liebesrausch?*
9. *Das Schicksal welches Protagonisten hat Sie am tiefsten berührt?*
10. *Welches Buch würden Sie aus einem brennenden Haus retten?*
11. *Gibt es Bücher, die Sie mehrfach gelesen haben?*
12. *Was ist Ihr Lieblingsplatz zum Lesen? Haben Sie bestimmte Rituale, wenn Sie lesen?*
13. *Wer darf Sie beim Lesen stören oder darf niemand Sie stören?*
14. *Gibt es einen Autor, dem Sie sich seelenverwandt fühlen?*
15. *Was halten Sie von der Idee, dass Lesen heilsam ist?*
16. *Gibt es einen Schriftsteller, dessen Werke Sie für besonders heilsam halten?*
17. *Gibt es Bücher, die Sie für bestimmte Gemütslagen (zum Beispiel Angst, Trauer) empfehlen?*
18. *In England kann man sich vom Arzt Bücher gegen Depressionen verschreiben lassen und das Rezept in der Stadtbibliothek einlösen. Was halten Sie von dieser Idee?*
19. *Haben Sie zum Abschluss ein Zitat, das Sie den Lesern mitgeben möchten?*

Kurzbiographien der Interviewten

Bettina Arnold, geboren 1961 in Darmstadt, wohnhaft in Darmstadt. Seit 1991 als Ärztin und Psychotherapeutin in Mühltal bei Darmstadt tätig. Lesend seit 1966.

Udo Baer, geboren 1949 in der Lausitz, wohnhaft in Neukirchen-Vluyn und Berlin. Seit 1990 als Autor und Therapeut tätig. Lesend seit 1956.

Nandini Banerjea, geboren 1959 in Calcutta, weitgehend aufgewachsen in Deutschland, wohnhaft in Sankt Augustin. Seit 1988 als Psychologische Psychotherapeutin tätig, inzwischen in Siegburg. Lesend seit etwa 1964.

Guido Besand, geboren 1967 in Grünstadt, wohnhaft in Mannheim. Seit 1993 als Apothcker in Ludwigshafen tätig. Lesend seit 1975.

Sven Biela, geboren 1968 in Radevormwald, wohnhaft in Mannheim. Seit 1996 als Lehrer tätig, erst in Düsseldorf, dann in Mannheim. Zudem Autor verschiedener Fachbücher. Lesend seit 1974.

Marlene Broeckers, geboren 1955 in Limburg an der Lahn, wohnhaft in Mühltal. Seit 2000 als Pressereferentin in der Stiftung Nieder-Ramstädter Diakonie tätig. Lesend seit 1961.

Elisabeth Drimalla, geboren 1955, wohnhaft in Hannover. Seit 1981 als Ärztin und Psychotherapeutin tätig, seit 1990 in eigener Praxis. Autorin von Sachbüchern. Lesend seit 1961.

Suzana Erlauer, geboren 1978 in Düsseldorf, wohnhaft in Düsseldorf. Seit 2003 als Diplom-Sozialpädagogin tätig. Lesend seit der Grundschule.

Nicola Erny, geboren 1961 in Mannheim, wohnhaft in Ober-Ramstadt. Seit 2010 als Philosophieprofessorin an der Hochschule Darmstadt tätig. Lesend seit 1966.

Birgit Hacker, geboren 1951 in Rheinhausen (heute Duisburg), wohnhaft in Moers. Seit 1979 als Lehrerin in Duisburg tätig. Lesend seit 1958.

Titus David Hamdorf, geboren 1969 in Athen, wohnhaft in Berlin-Weißensee. Seit 2000 als Kunsttherapeut, Autor, Autobiographiker und Bildungsbegleiter in der Jugendhilfe in Berlin tätig. Lesend seit 1978.

Claudia Kamber, geboren 1954 in Basel, wohnhaft in der Schweiz. Seit 1981 als Ärztin (Innere Medizin, Fachärztin Psychiatrie/Psychotherapie) in verschiedenen Regionen der Schweiz tätig. Lesend seit 1959.

Michael Kibler, geboren 1963 in Heilbronn, wohnhaft in Darmstadt. Seit 1992 als Autor in Darmstadt tätig. Lesend seit 1972.

Gertraud Kodadad, geboren 1949 in München, wohnhaft in Hannover. Seit 1975 als Apothekerin in Hannover tätig, seit 2013 in Rente. Lesend seit 1964.

Guido Lersen, geboren 1966 in Düsseldorf, wohnhaft in Düsseldorf. Seit 2008 als Kreativtherapeut im LVR-Klinikum Düsseldorf tätig. Lesend seit 1972.

Christine Leutkart, geboren 1959 in Melbourne/Australien, wohnhaft in Mühlheim. Seit 1993 als Diplom-Kunsttherapeutin und seit 2001 als Autorin in Mühlheim an der Donau tätig. Lesend seit 1964.

Kerstin Liesem, geboren 1975 in Frankfurt am Main, wohnhaft in Köln. Seit 2011 als Professorin für Journalismus in Köln tätig. Lesend seit 1981.

Dirk Mentzer, geboren 1962 in Frankfurt am Main, wohnhaft in Frankfurt am Main. Seit 1991 als Arzt in Frankfurt am Main, Belfast, Uelzen, London, Langen tätig. Lesend seit 1969.

Elisabeth Moser, geboren 1951 in Zürich, wohnhaft in Winterthur/Schweiz. Seit 1987 als Texterin/Journalistin in Winterthur und Zürich tätig. Lesend seit 1957.

Ingrid Peter, geboren 1945 in Witten, wohnhaft in Worb (Schweiz). Seit 1989 als Atemtherapeutin und Lyrikerin in Bern/Worb tätig. Lesend seit 1951.

Christa Maria Petersen, geboren 1950 in Halstenbek, wohnhaft in Hamburg. Seit 1989 als Heilpraktikerin und Philosophin in Hamburg tätig. Lesend seit 1958.

Lars Rademacher, geboren 1972 in Siegen, wohnhaft in München. Seit 1997 als Hochschullehrer für Onlinekommunikation tätig, aktuell an der Hochschule Darmstadt. Lesend seit 1984.

Christoph Rau, geboren 1957 in Frankfurt am Main, wohnhaft in Darmstadt. Seit Urzeiten als Fotograf und Fotojournalist in Darmstadt tätig. Lesend seit unbestimmter Zeit.

Gabriele Rinderknecht, geboren 1951 in Offenburg, wohnhaft in Mannheim. Seit 1978 als Diplom-Psychologin/Therapeutin, seit 1989 bundesweit als selbstständige Trainerin und Coach tätig. Lesend seit 1957.

Christoph Rinneberg, geboren 1941, wohnhaft in Wembach. Tätig gewesen als Referent für Technologie und Wissenstransfer an der Fachhochschule Wiesbaden, seit 2006 in Rente und Autor. Lesend von klein auf.

Torsten Schäfer, geboren 1977 in Darmstadt, wohnhaft in Mühltal. Seit 2013 als Professor für Journalismus, Schwerpunkt Textproduktion, an der Hochschule Darmstadt tätig. Lesend seit 1984.

Maren Schürmann, geboren 1975 in Unna, wohnhaft in Essen. Seit 2007 als Redakteurin der Westdeutschen Allgemeinen Zeitung in Essen tätig. Lesend seit 1982.

Carlo Michael Sommer, Psychologe und Professor für Kommunikationspsychologie und Sprachwissenschaften in Darmstadt. Lesend seit dem vierten Lebensjahr.

Gabi Sturm, geboren 1961 in Kirchen, wohnhaft in Niederdreisbach. Seit 2003 als Krankenschwester und Lebensberaterin in Wissen tätig. Lesend seit 1967.

Ina Tilmann, geboren 1980 in Bremen, wohnhaft in Bremen. Psychologin und Kunsttherapeutin. Seit 2013 als Schulpsychologin in Bremen tätig. Lesend seit 1986.

Lutz von Werder, wohnhaft in Berlin. Autor zahlreicher Bücher zum kreativen, spirituellen und philosophischen Schreiben.

Dietrich Weller, geboren 1947 in Leonberg, wohnhaft in Leonberg. Seit 1981 als Allgemeinarzt/Kinderarzt in Leonberg tätig, seit 2012 Rentner, immer noch berufstätig. Zudem Autor. Lesend seit 1953.

Heiner Wenk, geboren 1957 in Braunschweig, wohnhaft in Bremen. Seit 1982 als Arzt tätig, erst in Lübeck, dann in Bremen. Lesend seit ca.1970.

Arnt-Enno Worm, geboren 1960 in Kettwig (heute Essen), wohnhaft in Hamminkeln-Dingden. Seit 1999 als Psychologischer Psychotherapeut in eigener Praxis, erst in Moers und seit 2011 in Dingden tätig. Lesend seit 1966.

Danksagung

Ich danke allen Experten, die bereit waren und sich die Zeit genommen haben, die Interviewfragen zu beantworten und damit einen großen Beitrag zu diesem Buch zu leisten. Ein ganz besonderer Dank gilt Herrn Günter Presting vom Verlag Vandenhoeck & Ruprecht, der mir sehr geholfen hat, das Konzept des Buches zu erstellen, und Frau Ulrike Rastin, die das Manuskript wieder sorgfältig und kompetent lektoriert hat. Ich danke meinen Erstlesern und Korrektoren (Sven, Ina, Ingrid, Christine, Margot, Brita) sowie Thorsten, Kerstin und Lennart Heimes für die liebevolle Unterstützung und die zauberhaften Ablenkungen und Spiele (Lenni, du bist der Beste!).

Literatur

Ackerson, J., Scogin, F., McKendree-Smith, N., Lyman, R. D. (1998). Cognitive bibliotherapy for mild and moderate adolescent depressive symptomatology. Journal of Consulting and Clinical Psychology, 66 (4), 685–690.
Adams, S. J., Pitre, N. L. (2000). Who uses bibliotherapy and why? A survey from an underserviced area. Canadian Journal of Psychiatry, 45, 645–649.
Anderson, L., Lewis, G., Araya, R., et al. (2005). Self-help books for depression: How can practitioners and patients make the right choice? Britsh Journal of General Practice, 55, 387–392.
Andersson, G., Bergström, J., Holländare, F., Ekselius, L., Carlbring, P. (2004). Delivering Cognitive Behavioural Therapy for mild to moderate depression via the internet: Predicting outcome at 6-month follow-up. Verhaltenstherapie, 14 (3), 185–189.
Andersson, G., Bergström, J., Holländare, F., Carlbring, P., Kaldo, V., Ekselius, L. (2005). Internet-based self-help for depression: Randomised controlled trial. The British Journal of Psychiatry, 187, 456–461.
Aringer, A. (2010). Bibliotherapie in der Schule: Unterstützung der sozioemotionalen und intellektuellen Entwicklung hochbegabter Kinder durch Literatur. Masterarbeit, Donau-Universität Krems.
Augustinus (1914). Bekenntnisse. Bibliothek der Kirchenväter, Band 18. Kempten/München: Kösel.
Ausländer, R. (1994). Regenwörter. Gedichte. Stuttgart: Reclam.
Bavishi, A., Slade, M. D., Levy, B. R. (2016). A chapter a day: Association of book reading with longevity. Social Science and Medicine, 164, 44–48.
Batuman, E. (2011). Die Besessenen. Abenteuer mit russischen Büchern und ihren Lesern. Zürich: Kein & Aber.
Berthoud, E., Elderkin, S. (2014). Die Romantherapie. 253 Bücher für ein besseres Leben. Berlin: Insel.
Bichsel, P. (1982). Der Leser. Das Erzählen. Frankfurter Poetikvorlesungen. Darmstadt/Neuwied: Luchterhand.

Blechinger, T. (2011). Bibliotherapie und expressives Schreiben in der Kinder- und Jugendpsychiatrie. Dissertation, Medizinische Fakultät der Universität zu Tübingen.
den Boer, P. C. A. M., Wiersma, D., van den Bosch, R. J. (2004). Why is self-help neglected in the treatment of emotional disorders? A meta-analysis. Psychological Medicine, 34, 959–971.
Böll, H. (1957). Irisches Tagebuch. Köln: Kiepenheuer & Witsch.
Bollmann, S. (2014). Frauen, die lesen, sind gefährlich (2. Auflage). München: Sandmann.
Borchers, E. (2003). Lichtwelten. Abgedunkelte Räume. Frankfurter Poetikvorlesungen. 2003. Frankfurt a. M.: Suhrkamp.
Bordt, M. (2013). Die Kunst, sich selbst auszuhalten. München: ZS-Verlag.
Bradbury, R. (1953/2010). Fahrenheit 451. München: Heyne.
Bradley, C., Bosquet, E. S. (1936). Uses of books for psychotherapy with children. American Journal of Orthopsychiatry, 6, 23–31.
Burke, R. V., Kuhn, B. R., Peterson, J. L. (2004). Brief report: A »storybook« ending to children's bedtime problems – the use of a rewarding social story to reduce bedtime resistance and frequent night waking. Journal of Pediatric Psychology, 29, 389–396.
Carnegie, D. (1949). Sorge dich nicht, lebe! Bern: Scherz.
Carter, J. C., Fairburn, C. G. (1998). Cognitive-behavioral self-help for binge eating disorder: A controlled effectiveness study. Journal of Consulting and Clinical Psychology, 66, 616–623.
Catalano, A. (2008). Making a place for bibliotherapy on the shelves of a curriculum materials center: The case for helping pre-service teachers use developmental bibliotherapy in the classroom. Childrens Resources, 31 (1), 17–22.
Cervantes, M. de (1605/1615; 1987). Leben und Tod des scharfsinnigen Edlen Don Quichote von La Mancha. Zürich: Diogenes.
Chan, J. M., O'Reilly, M. F. (2008). A social stories intervention package for students with autism in inclusive classroom settings. Journal of Applied Behavior Analysis, 41 (3), 405–409.
Charon, R. (2008). Narrative medicine. Honoring the stories of illness. Oxford: Oxford University Press.
Cohen, L. J. (1992). Bibliotherapy. The therapeutic use of books for women. Journal of Nurse-Midwifery, 37 (2), 91–95.
Cohen, L. J. (1994). Phenomenology of therapeutic reading with implications for research and practice bibliotherapy. The Arts in Psychotherapy, 21 (1), 37–44.
Coleman, M., Ganong, L. (1990). Remarriage and stepfamiliy research in the 80s: New interest in an old family form. Journal of Marriage and the Familiy, 52, 925–940.

Colette (1960/1990). Claudines Mädchenjahre. München: Paul Zsolnay.
Csíkszentmihályi, M. (1985). Das Flow-Erlebnis. Stuttgart: Klett-Cotta.
Cuijpers, P. (1997). Bibliotherapy in unipolar depression: A meta-analysis. Journal of Behaviour Therapy and Experimental Psychiatry, 28, 139–147.
Das fröhliche Krankenzimmer e. V. Buchempfehlungsliste für Kinder und Jugendliche der Aktion »Empfehlungen aus der Arbeit mit Büchern bei Kindern und Jugendlichen im Krankenhaus«.
DR Kultur (2013). In existenzieller Not »hilft einem das Erzählen« 15.03.2013, abgerufen am 13.9.2016 – http://www.deutschlandradiokultur.de/in-existenzieller-not-hilft-einem-das-erzaehlen.1734.de.html?dram:article_id=240681.
Domin, H. (1999). Das Gedicht als Augenblick von Freiheit. Frankfurter Poetikvorlesungen. Frankfurt a. M. Suhrkamp.
Döpfner, M., Schürmann, S., Lehmkuhl, G. (1999). Wackelpeter und Trotzkopf. Hilfen bei hyperkinetischem und oppositionellem Verhalten. Weinheim: Beltz, PsychologieVerlagsUnion.
Dovey, C. (2015). Can Reading make you happier? The New Yorker, 9. Juni 2015.
Duda, M. (2008). Das Glück, das aus den Büchern kommt. Lesekunst als Lebenskunst. München: Claudius.
Ebner-Eschenbach, M. von (1880/1986). Aphorismen. Frankfurt a. M: Insel.
Eichenberg, C. (2007). Medieneinsatz im Rahmen stationärer Psychotherapie. Psychotherapie im Dialog, 8 (1), 59–66.
Elgar, F. J., McGrath, P. J. (2003). Self-administered psychosocial treatments for children and families. Journal of Clinical Psychology, 59, 321–339.
Ellis, B. E. (1991). American Psycho. Köln: Kiepenheuer & Witsch.
Enzensberger, H. M. (1988). Bescheidener Vorschlag zum Schutz der Jugend vor der Poesie. In H. M. Enzensberger, Mittelmaß und Wahn. Frankfurt a. M.: Suhrkamp.
Evans, K., Tyrer, P., Catalan, J., Schmidt, U., Davidson, K., Dent, J., Tata, P., Thornton, S., Barber, J. P., Thompson, S. (1999). Manual-assisted Cognitive-Behaviour Therapy (MACT). A randomized controlled trial of a brief intervention with bibliotherapy in the treatment of recurrent deliberate self harm. Psychological Medicine, 29, 19–25.
Farkas, G. S., Yorker, B. (1993). Case studies of bibliotherapy with homeless children. Issues Mental Health Nursery, 14 (4), 337–347.
Fenzel, B. (2013). Lesen als hilfreiche Strafe. Jugendgerichte verordnen die Erarbeitung von Lektüren. Deutschlandfunk 29.08.2013.
Flaubert, G. (1857). Brief an Mlle. de Chantepie, Juni 1857.
Flaubert, G. (1857/1980). Madame Bovary. München: dtv.
Flint, K. (1993). The Woman Reader, 1837–1914. Oxford: University Press.

Floyd, M. (2003). Bibliotherapy as an adjunct to psychotherapy for depression in older adults. Journal of Clinical Psychology, In Session: Psychotherapy in Practice, 59, 187–195.
Foer, S. (2010). Tiere essen. Köln: Kiepenheuer & Witsch.
Forsyth, M. (2015). Lob der guten Buchhandlung oder vom Glück, das zu finden, wonach Sie gar nicht gesucht haben. Frankfurt a. M.: Fischer.
Frank, K. (2001). Wie ich zum Lettermann wurde. In K. Franz, Lange, G., Payrhuber, F. J., Pleticha, H. (Hrsg.), Mein erstes Manuskript. 60 Kinder- und Jugendbuchautoren erzählen von ihren ersten Schreiberfahrungen (S. 27–29). Baltmannsweiler: Schneider Verlag Hohengehren.
Frankl, E. F. (1988). Das Buch als Therapeutikum. In P. Raab (Hrsg.), Heilkraft des Lesens. Erfahrungen mit der Bibliotherapie (S. 41–55). Freiburg: Herder.
Freud, Sigmund (1908/1976). Der Dichter und das Phantasieren. Gesammelte Werke, Bd. VII (S. 213–223). Frankfurt a. M.: Fischer.
Freud, Sophie (2004). The reading cure: Books as lifetime companions. American Imago 61.1, 77–87.
Fritzler, B. K., Hecker, J. E., Losee, M. C. (1997). Self-directed treatment with minimal therapist contact: Preliminary findings for obsessive-compulsive disorder. Behaviour Research and Therapy, 35 (7), 627–631.
Fromm, E. (1956/2016). Die Kunst des Liebens. Zürich: Manesse.
Gaiman, N. (2016). Der Ozean am Ende der Straße. Köln: Bastei Lübbe.
Galey, I. (1988). Ich weinte nicht, als Vater starb. Gümligen/Bonn: Zytglogge.
Galt, J. M. II (1853). On Reading, recreation and amusements for the insane. In J. M. Galt II. Essays on asylums for persons of unsound mind. Second series (S. 5–26). Richmond, Va.: Ritchies & Dunnavant.
Gerk, A. (2015). Literatur als Medizin. Die wundersame Wirkung der Literatur. Berlin: Rogner & Bernard.
Goethe, J. W. von (1774). Die Leiden des jungen Werthers. Leipzig: Weigandsche Buchhandlung.
Goethe, J. W. von (1808). Faust. Eine Tragödie. Tübingen: Cotta'sche Buchhandlung.
Grahlmann, K., Linden, M. (2005). Bibliotherapie. Übersichtsarbeit. Freiburg: Karger GmbH.
Gregory, R. J., Canning, S. S., Lee, T. W., Wise, J. C. (2004). Cognitive bibliotherapy for depression: A meta-analysis. Professional Psychology: Research and Practice, 35, 275–280.
Halsted, J. W. (2002). Some of my best friends are books. Guiding gifted readers from preschool to high school. A guide for parents, teachers, librarians and counselors (2nd ed.). Scottsdale: Great Potential Press.
HANDI (2013). Bibliotherapy for depression. Australian Family Physician, 42 (4), 199–200.

Hardy, K. J., O'Brien, S. V., Furlong, N. J. (2001). Information given to patients before appointments and its effects on non-attendance. British Medical Journal, 323, 1298–1300.
Haushofer, M. (1963). Die Wand. Roman. Gütersloh/Wien: Mohn.
Hayden, T. L. (1991). Sheila. Der Kampf einer mutigen jungen Lehrerin um die verschüttete Seele eines Kindes. München: dtv.
Heidenreich, E. (2014). Über das Gefährliche, wenn Frauen zu viel lesen. In S. Bollmann, Frauen, die lesen, sind gefährlich (2. Auflage; S. 12–23). München: Sandmann.
Heider, F., Simmel, M. (1944). Experimental study of apparent behavior. American Journal of Psychology, 57, 243–259.
Heimes, S. (2012). Warum schreiben hilft. Die Wirksamkeitsnachweise zur Poesietherapie. Göttingen: Vandenhoeck & Ruprecht.
Helbig, S., Hahnel, A., Weigel, B., Hoyer, J. (2004). Wartezeit für Psychotherapiepatienten – Und wie sie zu nutzen ist. Verhaltenstherapie, 14, 294–302.
Hesse, H. (1922). Siddhartha. Eine indische Dichtung. Berlin: Fischer.
Hillman, J. (1974). A note on story. In F. Butler, B. Brockmann, B. Rosen (Hrsg.), Children's literature. The great excluded. Philadelphia: Temple University Press.
Holzach, M. (1982). Deutschland umsonst – zu Fuß und ohne Geld durch ein Wohlstandsland. Hamburg: Hoffmann und Campe.
Hornby, N. (2005). Mein Leben als Leser. Köln: KiWi.
Hulme, K. (1987). Unter dem Tagmond. Frankfurt a. M.: S. Fischer.
Jack, S. J., Ronan, K. R. (2008). Bibliotherapy. Practice and research. School Psychology International, 29 (2), 161–182.
Jalongo, M. R. (1983). Bibliotherapy: Literature to promote socioemotional growth. The Reading Teacher, 37, 796–803.
Jorm, A., Christensen, H., Griffiths, K., Parslow, R., Rodgers, B., Blewitt, K. (2004). Effectiveness of complementary and self-help treatments for anxiety disorders. Medical Journal of Australia, 181, 29–46.
Jung, I. (1989). Schreiben und Selbstreflexion. Eine literaturpsychologische Untersuchung literarischer Produktivität. Opladen: Westdeutscher Verlag.
Kahnemann, D. (2012). Schnelles Denken, langsames Denken. München: Siedler.
Kästner, E. (1936). Doktor Erich Kästners Lyrische Hausapotheke. Basel, Atrium.
Keen, S. (1984). Die Lust an der Liebe. Leidenschaft als Lebensform. Weinheim/Basel: Beltz.
Kierfeld, F., Döpfner, M. (2006). Bibliotherapie als Behandlungsmöglichkeit bei Kindern mit externalen Verhaltensstörungen. Zeitschrift für Kinder- und Jugendpsychiatrie und Psychotherapie, 34 (5), 377–385.

Kittler, U. (1988). Für Peter – oder: Was ist Bibliotherapie. In P. Raab (Hrsg.), Heilkraft des Lesens. Erfahrungen mit der Bibliotherapie (S. 10–27). Freiburg: Herder.

Kittler, U., Munzel, F. (1992). Lesen ist wie Wasser in der Wüste. Das Buch als Begleiter auf dem Lebensweg (2. Auflage). Freiburg: Herder.

Klosinski, G. (2008). »Fokus-Umkreisung« – eine Form von erweiterter Bibliotherapie. Vom spielerischen Umgang mit assoziativem Denken im psychotherapeutischen Dialog mit Jugendlichen. Psychotherapieforschung im Kindes- und Jugendalter. Veranstaltung vom 07.03.2008. Heidelberg.

Kramer, P. A., Smith, G. G. (1998). Easing the pain of divorce through children's literature. Early Childhood Education Journal, 26 (2), 89–94.

Lehnert, G. (2000). Die Leserin. Das erotische Verhältnis der Frauen zur Literatur. Berlin: Aufbau.

Lenz, S. (1968). Deutschstunde. Hamburg: Hoffmann und Campe.

Lukas, E. (1988). Bücher – Freunde in der Not. In P. Raab (Hrsg.), Heilkraft des Lesens. Erfahrungen mit der Bibliotherapie (S. 59–76). Freiburg: Herder.

Lyneham, H. J., Rapee, R. M. (2006). Evaluation of therapist-supported parent-implemented CBT for anxiety disorders in rural children. Behaviour Research and Therapy, 44 (9)1287–1300.

MacIntyre, A. C. (1981). After Virtue. University of Notre Dame Press.

Mahan, C. K., Schreiner, R. L., Green, M. (1983). Bibliotherapy: A tool to help parents mourn their infant's death. Health and Social Work, 8 (2), 126–132.

Maimonides, M. (1966). Regimen sanitatis oder Diätetik für die Seele und den Körper. Mit Anhang der Medizinischen Responsen und Ethik des Maimonides. Basel/New York: Karger

Manguel, A. (2012). Eine Geschichte des Lesens. Frankfurt a. M.: Fischer.

Mann, T. (1901). Buddenbrooks. Verfall einer Familie. 2 Bände. Berlin: S. Fischer.

Marrs, R. W. (1995). A meta-analysis of bibliotherapy studies. American Journal of Community Psychology, 23, 843–870.

Marti, K. (1969). Leichenreden. Neuwied/Berlin: Luchterhand.

Marx, K. (1867/1885/1897). Das Kapital. 3 Bände. Hamburg: Otto Meissner.

McCourt, F. (1996). Die Asche meiner Mutter. Irische Erinnerungen. Frankfurt a. M./Wien: Büchergilde Gutenberg.

Miller, A. (1979). Das Drama des begabten Kindes und die Suche nach dem wahren Selbst. Frankfurt a. M.: Suhrkamp.

Miller, A. (1980). Am Anfang war Erziehung. Frankfurt a. M.: Suhrkamp.

Montasser, T. (2016). Ein ganz besonderes Jahr. München: Piper.

Montesquieu, C. L. (2004). Vom weisen und glücklichen Leben. Hrsg. von B. Grasset. Zürich.

Moody, R. A., Perry, P. (2011). Zusammen im Licht. Was Angehörige mit Sterbenden erleben. 2011 München: Goldmann.

Morgan, A. J., Jorm, A. F. (2008). Self-help interventions for depressive disorders and depressive symptoms: A systematic review. Annals of General Psychiatry, 7, 13.
Moritz, K. P. (1785–90/1998). Anton Reiser. Ein psychologischer Roman. Frankfurt a. M.: Insel.
Moritz, R. (2012). Die Überlebensbibliothek. München: Piper.
Morrison, B. (2008). The reading cure. Publiziert am 05.01.2008 – https://www.theguardian.com/books/2008/jan/05/fiction.scienceandnature, abgerufen am 9.9.2016.
Munzel, F. (1997). Bibliotherapie und religiöses Lernen. Ein interdisziplinärer Beitrag zur »Theologie des Lesens« und zur Innovation des Religionsunterrichts. Münster: LIT.
Muschg, A. (1981). Literatur als Therapie? Ein Exkurs über das Heilsame und Unheilbare. Frankfurt a. M.: Suhrkamp.
Muth, L. (1988). Und dennoch Ja zum Lesen. In Raab, P. (Hrsg.), Heilkraft des Lesens. Erfahrungen mit der Bibliotherapie (S. 28–40). Freiburg: Herder.
Neuner, F., Schauer, M., Elbert, T. (2009). Narrative Exposition und andere narrative Verfahren (S. 302–318). In A. Maercker (Hrsg.), Handbuch der posttraumatischen Belastungsstörungen. Heidelberg: Springer.
Niedermayer, G. (2006). Bibliotherapie – eine Bestandsaufnahme in Zeiten des Internet. Fachhochschul-Studiengang Informationsberufe. Eisenstadt: Diplomarbeit.
Norcross, J. C. (2006). Integrating self-help into psychotherapy: 16 practical suggestions. Professional Psychology: Research and Practice, 37 (6), 683–693.
Oatley, K. (2011). Such stuff as dreams: the psychology of fiction. New Jersey: Wiley-Blackwell.
Ondaatje, M. (1993). Der englische Patient. Gütersloh: Bertelsmann.
Pardeck, J. T. (1991). Using bibliotherapy to prevent and treat adolescent chemical dependency. Adolescence, 26, 201–208.
Pardeck, J. T. (1992). Using bibliotherapy in treatment with children in residential care. Residential Treatment for Children and Youth, 9, 73–90.
Pardeck, J. T. (1993). Using bibliotherapy in clinical practice. A guide to self-help books. Westport, Conn.: Greenwood Press.
Pavese, C. (1966). Der böse Blick. In C. Pavese, Sämtliche Erzählungen. Hamburg: Claasen.
Permain, E. (2015). Putting down the burning coal: Transforming resentments into forgiveness through story. Diving in the Moon. Online-Journal, abgerufen am 06.09.2016 – http://healingstory.org/publications/diving-in-the-moon-journal-2015/putting-down-the-burning-coal.
Peterson, J., Peterson, M. (2003). The Sleep Fairy. Omaha, NE: Behave'n Kids Press.

Portmann, A. (1974). An den Grenzen des Wissens. Vom Beitrag der Biologie zu einem neuen Weltbild. Wien/Düsseldorf: Econ.
Proctor, S. (2015). Storytelling, movement and drama with children. Diving in the Moon. Online-Journal, abgerufen am 06.09.2016 – http://healingstory.org/publications/diving-in-the-moon-journal-2015/story-movement-drama-with-children.
Proust, M. (1912–27/2011). Auf der Suche nach der verlorenen Zeit. 7 Bände: Frankfurt a. M.: Suhrkamp.
Pschyrembel, W., Dornblüth, O. (Hrsg.) (2004). Pschyrembel Klinisches Wörterbuch (260. Auflage). Berlin: de Gruyter.
Quirmbach, L. M., Lincoln, A. J., Feinberg-Gizzo, M. J., Ingersoll, B. R., Andrews, S. M. (2009). Social stories: mechanisms of effectiveness in increasing game play skills in children diagnosed with autism spectrum disorder using a pretest posttest repeated measures randomized control group design. Journal of Autism and Developmental Disorders, 39 (2), 299–321.
Raab, P. (Hrsg.) (1988). Heilkraft des Lesens. Erfahrungen mit der Bibliotherapie. Freiburg: Herder.
Reibestein, C. (1996). Bibliotherapeutische Aspekte in ausgewählten Werken Goethes.»Novelle«,»Wilhelm Meisters Lehrjahre«. Aachen: Shaker.
Reich-Ranicki, M. (1999). Mein Leben. München: DVA.
Reis, B. F., Brown, L. G. (2006). Preventing therapy dropout in the real world: The clinical utility of videotape preparation and client estimate of treatment duration. Professional Psychology – Research and Practice, 37, 311–316.
Ress, R. (2015). Her story, your story, our story: an afternoon with women who have escaped the troll. Diving in the Moon. Online-Journal, abgerufen am 06.09.2016 – http://healingstory.org/publications/diving-in-the-moon-journal-2015/her-story-your-story-our-story.
Riahinia, N., Azimi, A., Seify, S. (2010). Librarians' participation in bibliotherapy treatment of distressed students. IniB UJ. Red. Seria III.
Rubin, R. J. (1978). Using bibliotherapy. A guide to theory and practice. Phoenix: Oryx.
Russel, D., Shrodes, C. (1950). Contributions of research in bibliotherapy to the language arts program. The School Review, 58, 335–342, 411–420.
Sacks, O. (2015). Dankbarkeit. Reinbek: Rowohlt.
Salimi, S., Zare-Farashbandi, F., Papi, A., Samouei, R., Hassanzadeh, A. (2014). The effect of group bibliotherapy on the self-esteem of female students living in dormitory. Journal of Education and Health Promotion, 3, 89.
Sand, G. (1841/2017). Ein Winter auf Mallorca. Aus dem Französischen neu übersetzt von C. Wiedemeyer. Köln: Anaconda.
Sartre, J.-P. (1964). Les mots. Paris: Gallimard.

Schauer, M., Neuner, F., Elbert, T. (2011). Narrative Exposure Therapy (NET). A short-term intervention for traumatic stress disorders (2. Auflage). Cambridge/Göttingen: Huber Publishers/Hogrefe.

Scogin, F., Bynum, J., Stephens, G., Calhoon, S. (1990a). Efficacy of self-administered treatment programs: Meta-analytic Review. Professional Psychology: Research and Practice, 21, 42–47.

Scogin, F., Jamison, C., Davis, N. (1990b). Two-year follow-up of bibliotherapy for depression in older adults. Journal of Consulting and Clinical Psychology 58, 665–667.

Scogin, F., Fairchild, J. K., Yon, A., Welsh, D. L., Presnell, A. (2014). Cognitive bibliotherapy and memory training for older adults with depressive symptoms. Aging Mental Health, 18 (5), 554–560.

Sharma, V., Sood, A., Prasad, K., Loehrer, L., Schroeder, D., Brent, B. (2014). Explore (NY) 10 (4), 248–252.

Shechtman, Z. (1999). Bibliotherapy: an indirect approach to treatment of childhood aggression. Child Psychiatry and Human Development, 30 (1), 39–53.

Shiff, H. S. (1978). The bereaved parent. London: Penguin.

Shrodes, C. (1949). Bibliotherapy: A theoretical and clinical-experimental study. University of California.

Siefer, W. (2015). Der Erzählinstinkt. Warum das Gehirn in Geschichten denkt. München: Hanser.

Siefer, W. (2016). Wer erzählt, der überlebt. Zeit online 12.1.2016, abgerufen am 12.09.2016 – http://www.zeit.de/2015/52/geschichten-maerchen-christentum-mythos-legende-ueberleben.

Smith, D., Burkhalter, J. K. (1987). The use of bibliotherapy in clinical practice. Journal of Mental Health Counseling, 9 (3), 184–190.

Songprakun, W., McCann, T. V. (2012). Evaluation of a bibliotherapy manual for reducing psychological distress in people with depression: A randomized controlled trial. Journal of Advanced Nursing, 68, 2674–2684.

Sprenger, R. K. (1997). Die Entscheidung liegt bei Dir! Wege aus der alltäglichen Unzufriedenheit. Frankfurt a. M./New York: Campus.

Spyri, J. (1880). Heidi's Lehr- und Wanderjahre. Gotha: Perthes.

Stahl, S. (2011). Leben kann auch einfach sein! So stärken Sie Ihr Selbstwertgefühl. Hamburg, Ellert & Richter.

Stefan, V. (1975). Häutungen. Autobiografische Aufzeichnungen. Gedichte, Träume, Analyse. München: Frauenoffensive.

Steinhöfel, A. (2004). Die Mitte der Welt. Hamburg: Carlsen.

Stice, E., Burton, E., Bearman, S. K., Rhode, P. (2007). Randomized trial of a brief depression prevention program: An elusive search for a psychosocial placebo control condition. Behaviour Research and Therapy, 45 (5), 863–876.

Stice, E., Rohde, P., Seeley, J. R., Gau, J. M. (2008). Brief cognitive-behavioral depression prevention program for high-risk adolescents outperforms two

alternative interventions: A randomized efficacy trial. Journal of Consulting and Clinical Psychology, 76 (4), 595–606.
Streeruwitz, M. (1997) Sein. Und Schein. Und Erscheinen. Tübinger Poetikvorlesungen. Frankfurt a. M.: Suhrkamp.
Taleban, R., Zamani, A., Moafi, M., Jiryaee, N., Khadivi, R. (2016). Applications of text messaging, and bibliotherapy for treatment of patients affected by depressive symptoms. International Journal of Preventive Medicine, 7, 46.
Teirich, H. R. (1962). »Controlled« and »uncontrolled« lending of books as a psychotherapeutic or psychohygienic measure. Hippokrates 33, 722–728.
Thich Nhat Hanh (1988). Das Wunder der Achtsamkeit. Einführung in die Meditation. Zürich: Theseus.
Treasure, J., Schmidt, U., Troop, N., Tiller, J., Todd, G., Turnbull, S. (1996). Sequential treatment for Bulimia Nervosa incorporating a self-care manual. British Journal of Psychiatry, 168, 94–98.
Tschechow, A. (1947/1992). Meistererzählungen. Aus dem Russischen von R. Trautmann. Eingeleitet von R. Marx.Berlin: Dietrich.
Tuke, S. (1813). Description of the Retreat, an institution near York, for insane persons of the Society of Friends: Containing an account of its origin and progress, the modes of treatment, and a statement of cases. Oxford University.
Van Straten, A., Cuijpers, P., Smits, N. (2008). Effectiveness of a web-based self-helf intervention for symptoms of depression, anxiety, and stress: Randomized controlled trial. Journal of Medical Internet Research, 10 (1), e7.
Varley, S. (2012). Leb wohl, lieber Dachs. Berlin: Betz.
Vollmer, T., Wibmer, W. (2002). Bibliotherapie. MANUAL. Psychoonkologie. München: Zuckschwerdt.
Wagner, D. (2013). Leben. Reinbek: Rowohlt.
Webster, A. (1992). The effect of pre-assessment information on clients' satisfaction, expectations and attendance at a mental health day centre. British Journal of Medical Psychology, 65, 89–93.
Weimerskirch, P. J. (1965). Benjamin Rush and John Minson Galt, II: Pioneers of bibliotherapy in America. Bulletin of the Medical Library Association, 53, 510–526.
Wellershoff, D. (1996). Das Schimmern der Schlangenhaut. Existentielle und formale Aspekte des literarischen Textes. Frankfurter Vorlesungen. Frankfurt a. M.: Suhrkamp.
Winterson, J. (2013). Warum glücklich statt einfach nur normal? Berlin: Hanser.
Wittgenstein, L. (1922). Tractatus logico-philosophicus. London: Kegan Paul, Trench, Trubner & Co.
Wittrock, M. C. (1981). Reading comprehension. Neuropsychological and cognitive processes in reading. Oxford: Academic Press.

Wittstruck, W. (2000). Gespräche über Gespräche – Literaturtherapie. In P. Subkowski, W. Wittstruck (Hrsg.), Kunst und Therapie. Freiburg: Lambertus.

Wolf, M. (2009). Das lesende Gehirn. Wie der Mensch zum Lesen kam – und was es in unseren Köpfen bewirkt. Heidelberg: Spektrum.

Yalom, I. D. (2007). Die Schopenhauer-Kur. München: btb.

Yeater, E. A., Naugle, A. E., O'Donohue, W., Bradley, A. R. (2004). Sexual assault prevention with college-aged women: A bibliotherapy approach. Violence and victims, 19 (5), 593–612.

Zeh, J. (2015). Treideln. München: btb.

Ziegler, W., Hegerl, U. (2002). Der Werther-Effekt – Bedeutung, Mechanismen, Konsequenzen. Nervenarzt, 73, 41–49.

Zetterqvist, K., Maanmies, J., Strom, L., Anderrson, G. (2003). Randomized controlled trial of internet-based stress management. Cognitive Behaviour Therapy, 32 (3), 151–160.